城市与建筑学术文库

Inheritance and Reconstruction of Traditional Rural Settlements

传统乡村聚落空间的传承与再造研究

王爱风　李伟巍　著

華中科技大學出版社
http://www.hustp.com
中国·武汉

图书在版编目（CIP）数据

传统乡村聚落空间的传承与再造研究 / 王爱风，李伟巍著 . -- 武汉 : 华中科技大学出版社，2020.10

（城市与建筑学术文库）

ISBN 978-7-5680-6612-9

Ⅰ . ①传… Ⅱ . ①王…② 李… Ⅲ . ①乡村地理 - 聚落地理 - 研究 - 中国 Ⅳ . ①K92

中国版本图书馆 CIP 数据核字（2020）169896号

传统乡村聚落空间的传承与再造研究

Chuantong Xiangcun Juluo Kongjian de Chuancheng yu Zaizao Yanjiu

王爱风　李伟巍　著

出版发行：华中科技大学出版社（中国・武汉）　电话：（027）81321913

地　　址：武汉市东湖新技术开发区华工科技园　邮编：430223

策划编辑：张淑梅　版式设计：河北优盛文化传播有限公司

责任编辑：赵　萌　责任监印：朱　玢

印　　刷：定州启航印刷有限公司

开　　本：710 mm × 1 000 mm　1/16

印　　张：8.5

字　　数：138千字

版　　次：2020 年 10月第 1 版第 1次印刷

定　　价：49.00 元

投稿邮箱：zhangsm@hustp.com

本书若有印装质量问题，请向出版社营销中心调换

全国免费服务热线：400-6679-118 竭诚为您服务

前　言

法国地理学家阿·德芒戎曾说“整个的文明史都反映在人类居住的现实形态上”。聚落地理是人文地理学的重要研究内容，是研究人地关系的一个重要切入点。自第二次世界大战以后，随着各国城市建设和城市经济的恢复与快速发展，聚落地理学的研究主要转向城市地理研究，乡村聚落的研究大受冷落，理论和方法上均无甚建树。在中国，随着城市化进程的迅速推进，对人口密集的城镇的研究较为丰富，而乡村聚落研究则远远滞后。乡村聚落是乡村人口居住和生产生活的场所，是乡村地域空间的人口聚居点，其形成和发展演变受到自然条件和乡村社会、经济、文化等因素的深刻影响。中国地域广阔，乡村人口众多，乡村聚落数量众多。长期以来，随着人口的快速增长和大规模流动，乡村聚落在演化过程中出现了在面上分散和点上扩展、聚落密度增大和村镇发展无序、村庄布局散乱、基础设施与公共服务落后等突出矛盾和问题，这就决定了乡村聚落发展研究的特殊性与复杂性。

便利的城市设施、大量的工作机会，以及多姿多彩的城市生活吸引着乡村中的年轻一代离开祖辈们赖以为生的土地，扎进大城市之中。城市的光鲜耀眼、文化开放、时尚潮流、科技便利等诸多优势似乎代表着文明发展向上的一面，相形之下，乡村则仿佛成为文明背后的阴影。传统村落中年轻人大量流失，似乎宣告了村庄的衰落是不可避免的趋势。面对日益严重的城乡二元结构和乡村聚落的迅速衰落，一方面众多学者着眼于那些尚未消失的传统村落，试图从多个方面去总结归纳不同村落的核心价值；另一方面响应习近平总书记提出“留住乡愁”的要求，推动实施了乡村振兴的国家战略，从国家的层面上对传统村落进行保护和更新。如何将传统聚落的真正价值流传后世，成为迫切需要解决的问题。本书希望通过对传统聚落空间进行传承与再造方面的研究，为传统聚落的存续与发展，进行积极有益的探索。

本书共分为七章：第一章对乡村聚落进行了概述；第二章对传统乡村聚落发展的影响因素进行了分析；第三章对传统乡村聚落的空间形态进行了阐述；第四章则较为具体地介绍了传统乡村聚落的空间组织，包括空间类型、空间构成、空间演化和组织方式等；第五章对传统乡村聚落的空间内涵进行了介绍，包括乡村聚落空间的特征、结构体系、价值体现等；第六章较为具体地阐述了传统聚落空间传承与再造的认识和策略；第七章较为系统地对传统乡村聚落发展及其空间结构优化进行了思考，并介绍了中国和外国乡村聚落建设的一些实践，最后提出了中国传统乡村聚落发展及其空间结构优化的理论策略。

本书在撰写过程中得到许多专家、学者的指点，在此表示诚挚的感谢。另外，由于编者水平有限，书中难免存在纰漏与差错，不足之处敬请指正。

目　录

第一章　乡村聚落概述 / 1

一、乡村聚落的相关概念 / 1

二、聚落的起源与演变 / 6

三、聚落的变化与城市发展 / 10

第二章　影响传统乡村聚落发展的因素 / 13

一、自然因素 / 13

二、经济因素 / 17

三、社会组织因素 / 20

四、宗法与礼制因素 / 21

五、文化因素 / 25

第三章　传统乡村聚落的空间形态 / 33

一、传统乡村聚落形态的构成 / 33

二、传统乡村聚落形态的演化 / 38

三、传统乡村聚落形态的内涵 / 50

第四章　传统乡村聚落的空间组织 / 53

一、传统乡村聚落的类型 / 53

二、传统乡村聚落的空间构成 / 55

三、传统乡村聚落的空间演化过程 / 58

四、传统乡村聚落的空间组织方式 / 63

第五章　传统乡村聚落的空间内涵 / 69
一、传统聚落空间的形成特征与结构体系 / 69
二、传统聚落空间物质内涵 / 73
三、传统聚落空间文化内涵 / 77
四、传统聚落空间的价值体现 / 80

第六章　传统聚落空间的传承与再造 / 85
一、传统聚落空间传承与再造的概念认识 / 85
二、传统乡村聚落的现状 / 92
三、传统聚落空间传承与再造的策略 / 100

第七章　传统乡村聚落发展及其空间结构优化的思考 / 107
一、传统乡村聚落发展及其空间结构优化 / 107
二、国外乡村聚落建设实践与中国的乡村建设 / 114
三、传统乡村聚落发展及其空间结构优化的理论策略 / 118

参考文献 / 127

第一章　乡村聚落概述

一、乡村聚落的相关概念

（一）乡村聚落的概念

“聚落”一词起源颇早，《史记 · 五帝本纪》有“一年而所居成聚，二年成邑，三年成都”。其注释中称：“聚，谓村落也。”《汉书 · 沟洫志》：“或久无害，稍筑室宅，遂成聚落。”基于此，有些研究者认为“聚落”的本意是指人类居住的地方，类似于英文中的“settlement”，后来聚落一词逐渐扩展为人们聚居和进行各种生产活动和社会活动的空间场所。随着聚落中人口不断增加，聚落自身的形态和功能也发生了很大的变化，逐渐分化为村落和城市，还有处于两者中间的城镇。

乡村聚落是居民以农业为经济活动主要形式的聚落，乡村聚落的人口主要从事田园式劳动，农业是主体，其他经济部门的活动或多或少与农业生产有联系，人口密度低，经济发展水平也低。城市聚落在规模上大于乡村和集镇聚落，是以非农业活动和非农业人口为主的聚落，城市人口主要从事公务式劳动。除此之外，人口规模也是划分乡村和城市的一个重要标准。

随着经济的发展，在乡村聚落出现了大量的乡镇企业，有些乡村人口不再从事农业生产，乡村聚落人口的从业状况出现了分化，从事非农产业的人数逐渐增多。除此之外，随着国家进行户籍制度改革以及乡村经济的不断发展，城市和乡村二者之间的界限不再像以往一样泾渭分明，开始有城市人口渗入农村，农村人口也持续涌入城市就业。在这种情况下，城市与乡村之间出现了介于两者之间的，由集镇聚落、建制镇以及非市建制的县城镇构成的乡镇社会。

综上所述，乡村是一个独特的、具有一定结构和功能的地域空间实体。乡村人口占中国人口的大部分，他们的聚居地是中国乡村社会的有机组成部分，是乡村可持续发展的基本单元，是乡村经济社会发展的标记。乡村聚落有广义与狭义之分。狭义乡村聚落主要指乡村非建制镇以外的居住形态，包括村落和集镇。村落在不同地方有不同的称谓，南方地区称“村落”，北方地区称“村庄”，山区有“村寨”之说。广义乡村聚落则指设市城市以外的广大农村地区的建制镇（包括县城镇）、集镇、村庄。其中，建制镇和集镇又被称为“小城镇”。我国建制镇都分布在农村地区，与村落之间具有非常紧密的经济、社会、文化等多向联系，因此，本书所指乡村聚落主要指广义乡村聚落，即包括山区建制镇（县城镇）、集镇、村落、自然村等。

（二）不同学科对乡村聚落的解读

1.社会学视野的乡村聚落

社会学有着广阔的研究领域与丰富的研究内容，以社会整体性及社会各组成部分之间的相互状态和管理协调机制为研究对象，由此形成了农村社会学与城市社会学两大分支学科。社区（community）是若干社会群体或社会组织聚集在某一个领域里所形成的一个生活上相互关联的大集体。社区是社会有机体最基本的内容，在某种程度上是缩小版的宏观社会。村庄、集镇等就是鲜活的社区实例，乡村聚落属于此范畴。社区是由群体组成的，共同地域是社区中的成员建立关系的基础，成员之间彼此联系又具有相同的利益或纽带。社区中成员的价值取向一般较为一致，成员相互之间联系紧密、互帮互助、礼尚往来、富有人情味，并形成一定的社会组织形式。村庄是社区的常见形态。对此，著名社会学家费孝通先生指出，村庄是一个社区，其特征是农户聚集在一个紧凑的居住区内，与其他相似的单位隔开相当一段距离（在中国有些地方，农户散居，情况并非如此），它是由各种形式的社会活动组成的群体，具有特定的名称，而且是一个为人们所公认的事实上的社会单位。此外，社区还有一层意思，那就是社区群体的地理联系和依赖，即：“社区 = 人群 + 地域”，因而，社区是一群人居住生活在同一地域，产生共同的利益需要而形成的社会有机体。当代社区概念因社区发展理论的提出而更加丰富，社区也包括城市街道、居委会等。人们经常可以看到这样的标语，即“社区是我家，建设靠大家”，表明社区思想已经渗入到各个领域。这也表明，社区是进行一定社会活动、具有某种互动关系和共同文化维系力的人类群体及其活动区域。

虽然社会学家给社区下的定义各有不同，但对其构成要素的认识较为一致。一般认为，社区主要有 5 个基本要素：①一定数量的人口；②人群从事的社会活动在一定区域范围内；③相对完备的生活服务设施；④一定特征的文化；⑤一定类型的组织。至于社区范围，并没有统一的规定和标准，但人们一般把农村的一个村庄或乡镇作为一个社区，把城市的一个街道作为一个社区。

无论如何，社会学把社区中的人作为研究的重点，认为社区中的建筑设施、建筑形态等存在的意义就是为人群服务，它更注重的是社区中人与人之间的社会关系，以及社区内的各种组织机构、制度规范等。在社会学视阈下，社区内的自然资源和地域环境仅仅是社区研究所关注的劳动对象。

2. 土地管理科学角度的乡村聚落

土地管理科学从土地利用的角度，从土地利用现状的差异性和相似性出发将土地划分为 8 种类型：耕地、园地、林地、牧草地、居民点及工矿用地、交通用地、水域、未利用土地。其中，“居民点及工矿用地”是一种重要的土地利用类型。居民点泛指城乡居民的聚居地，包括乡村聚落。有城镇居民点与农村居民点之别，划分依据是居民点人口的职业特征差异。城镇居民点是经国务院批准有市建制的居民点和经省人民政府批准有镇建制的居民点以及居民点内交通等基础设施占地，属于城镇建成区面积。农村居民点是指建制镇以下的农村居民的聚居地，仅指建筑占地、市场、道路等非生产用地和基础设施用地，耕地、林地、牧草地等农村居民生产性用地不属于居民点范畴。按照农村居民点的政治、经济地位和人口规模，农村居民点又划分为集镇和村庄两类。集镇是指不具有城镇人口特征的乡政府所在地和一些边远山区未设建制镇的县政府所在地。有些集镇虽然不是政府所在地，但在历史上曾经设立过镇的建制，或历来是农村集市贸易的集散地，工副业和服务业有一定基础的农村居民点，也属于集镇。村庄是乡镇以下的农村居民点，又分为中心村和自然村。中心村为村民委员会所在地，除作为村民生产、生活基地外，还有一定的政治、经济和文化职能。自然村是普通村落，是村民生产生活场所。可见，农村居民点主要是农村居民的生活及副业活动用地，是村落的土地利用类型。

综上所述，农村居民点这个概念是对村落的房屋占地、道路交通、公共物品以及非农业生产如厂房、店铺等非农业占地的描述，是从土地利用结构的角度对农村各类非农业用地的控制。这样做的目的是对非农业建设用地实行一定的控制，从而保证耕地的供给。所以，当使用农村居民点这个概念时，居民点的建筑风格、建筑材料，居民点内的各种社会关系、经济关系、居民点与周围耕地的关系等都不需要进行考虑，居民点仅仅是作为土地利用的概念。

3. 行政管理学角度的乡村聚落

农村行政管理学是研究乡村经济运行、乡村发展问题的专门学科，村落、农户是其研究的重点内容之一。“村民委员会”则是从行政管理和村落社会发展的角度，对村落正式组织机构的一种描述，属于准政府基层正式组织形式，也是我国乡村统计基本单元。村民委员会是村落内法定群众性自治组织，是村民自我管理、自我教育、自我服务的基层群众性组织，也是乡村聚落的重要组织。其职责有：办理本村的公共事务和公益事业，调解民间纠纷，协助维护社会治安；向人民政府反映村民的意见、要求和提出建议；协助乡、民族乡、镇的人民政府开展工作；支持和组织村民依法发展各种形式的合作经济和其他经济，承担本村生产的服务和协调工作；宣传宪法、法律、法规和国家的政策，教育和推动村民履行法律法规的义务；爱护公共财产，维护村民的合法权利和利益；发展文化教育事业，普及科技知识，促进村和村之间的团结、互助，开展多种形式的社会主义精神文明建设活动。

4. 乡村经济学视野下的乡村聚落

乡村经济学是研究乡村经济关系和经济活动规律的科学，研究重点是农户经济和村落集体经济。从农村生产资料的占有、分配角度看，农村土地资料为社会主义公有制下的集体所有制形态，农村绝大部分土地归农村集体经济组织所有。农村经济学的研究重点是农村内农林牧副业的生产、交换、分配和消费关系，公共产品如道路、学校、卫生院所等投入分摊机制，村民的负担及流向等问题，基本指导思想是以最少的投入获得最大的产出。其中，在农村经营管理形式上也集中讨论乡村聚落的组织结构及其功能。在研究农村生产资料（土地）与劳动者的结合问题上，经济学研究结合形式和内容，以及这种结合给联合体内成员带来的收益等，重点考察乡村聚落集体经济的发展和农产收益的提高。

5. 人文地理学视野下的乡村聚落

我国各地乡村聚落的分布情况差异很大，有的小而密，有的大而稀，这一切都同自然地理（尤其是地形）、经济水平、人口密度、生产特点和历史传统有关。

金其铭在《农村聚落地理》中指出，给城市和农村聚落下确切的定义很困难。农村聚落是“人类活动的中心，是人们生产、生活、休息和进行政治、文化活动的场所”[1]。农村聚落地理研究着重于聚落的形成、功能、类型及分布规律，以揭示聚落与环境之间的关系，聚落体系的空间结构变化，为农村规划和发展服务。陈兴中等在《中国乡村地理》一书中认为：“乡村聚落包括所有村庄、寨子及自然集镇，它们是乡村居民居住、生产与生活的场所。”[2]

H·J·德伯里在《人文地理学——文化、社会与空间》一书中指出，“住房和其他建筑物组成聚落”，以及“聚落小至由几个村庄单元组成，大到市镇那样的规模。把规模小的聚落即村庄和村落称为乡村聚落”。城乡聚落的划分没有通用标准，各国并不一样。乡村聚落居民或在周围土地上从事农业耕作，或为从事农业的人提供服务。乡村聚落与土地的关系很密切和直接，直接或间接依靠土地为生。聚落能够反映历史环境或生活需求。[3]

由上述内容可以看出，人文地理学视阈下乡村聚落的重点是乡村人口的居住建筑，主要研究的是通过聚落建筑形态窥探到的文化的传承、历史的变迁、环境的变化以及人与环境的关系等。此外，通过聚落形态特征及布局结构变化，可以看到其自身的经济、文化等受到的外界影响。但人文地理学视阈下对乡村聚落的研究忽略了乡村聚落内人与人之间的关系，对聚落的生产和经济活动也缺乏重视。

1　金其铭．农村聚落地理 [M]. 北京：科学出版社，1988.

2　陈兴中，周介铭．中国乡村地理 [M]. 成都：四川科学技术出版社，1989.

3　沈茂英．山区聚落发展理论与实践研究 [M]. 成都：巴蜀书社，2006.

6. 生态学视野下的乡村聚落

生态学最初是研究生物及其环境之间相互关系的科学，乡村聚落原本不属于生态学研究的范畴，但随着人类活动强度的激增和活动范围的日益扩大，人与自然的协调关系出现问题，生态学的内涵与外延扩展许多，研究内容和重点扩展到人类社会，渗透到人类的经济社会活动，城市生态学、人类生态学、生态经济学、景观生态学、生态理论学等相继成为生态学的重要分支学科。近年来发展为以乡村聚落为研究对象的生态学分支学科，提出“乡村聚落生态学”和“聚落生态”等概念。聚落生态学研究者将乡村聚落界定为：除城市以外位于乡村地区的所有居民点、乡村居民、各种产业生态系统和人类活动所及的自然生态系统所组成的复合生态系统。乡村聚落生态学运用生态学的理论与方法，研究乡村聚落的结构、功能及演替过程，审视乡村聚落布局与生态环境的关系，聚落演化与生态环境的相互影响，当代聚落与生态环境建设关系等方面，以及聚落与外域的物质能量交换与物质循环、聚落内人与人之间的生态关系，人与环境和资源的互动关系，指导开展聚落生态建设和创造良好的人居环境。

由此可见，学科背景不同，对乡村聚落的理解和认识也略有差异，但大体包括以下基本要素：①城市以外的乡村人口居住区及活动区；②居住区或活动区有一个清楚的界限，或是自然村，或是行政村，或是乡镇，或是特定社区人口活动的地域范围；③一定地域范围内的人及其相互关系；④有一定的认同感，并为此设置相应的组织制度；⑤适应人口生存发展的建筑物及各类附属设施；⑥有一定的自然资源和环境要素，可以支撑人的生存。由于学科研究的对象有别，乡村聚落的范围可大可小，对人的资源占用和需求不同，但都是为处理好聚落人与聚落环境、聚落人与人之间的各种社会经济生态关系。因此，从这些方面来看，尽管各类学科都在研究聚落，但称谓不同，研究的侧重点不同，或以人为重点，或以物为重点，或以生态系统为重点，或以人－资源－环境及其相互关系为重点。

二、聚落的起源与演变

人类在其起源和发展的过程中，由始至终都是以集体生活为主，大致经历了以下几个历史发展阶段。

（一）旧石器时代——洞穴居址出现

在原始社会时期，人类以血缘为纽带，聚族而居，共同生产和生活。人类最初的谋生手段以采集和渔猎等为主。《庄子 · 盗跖》有云："古者禽兽多而人民少，于是民皆巢居以避之，昼拾橡栗，暮栖树上"[1]。古代豺狼虎豹等禽兽多而人少，为了获得食物，维持生存，原始人有的在树上搭建类似于鸟巢的居所，有的栖身于天然洞穴中，以便随时迁徙。在北京周口店的洞穴中发现了北京人化石，对其头盖骨、体骨和牙齿进行测定，推测距今为23万年至58万年。与头盖骨等一块发现的有大量打制石器、动物化石和使用火的痕迹，这些都说明这里曾是北京猿人的一个稳定的居所。旧石器时代中晚期已有相对成熟的穴内空间模式，如北京周口店新洞和山顶洞、辽宁喀左鸽子洞等。除了洞穴遗址，旧石器时代中期还出现了一些旷野类型的遗址，如朔县峙峪、四川汉源富林遗址等，这些遗址中都有人类居住过的痕迹。游荡不定是旧石器时代人类居住生活的一个特点，这些极其简单、原始的居处散布在一起，就组成了最原始的聚落，但这还不是真正意义上的聚落。人类从自然界获得经验，从顺应自然、利用自然到改造自然，为新石器时代定居的农耕聚落的出现奠定了基础。

（二）新石器时代早期——原始聚落出现

从旧石器时代进入新石器时代，人类社会经历了飞速的发展，出现了农耕和饲养的生产方式。距今9000～7000年，农业出现了。由于农作物从种植到收成需要很多工序，加上农业需要的石器工具与狩猎工具相比，不仅种类多、数量大，而且比较重，因而从事农业的人逐渐考虑建造可以长期使用的固定住所。随着母系氏族的产生，便出现了相对稳定的、按氏族进行定居的聚落。随着农业的发展和人口的增多，聚落逐渐发展壮大。

以血缘氏族为纽带的族类聚居，千百年来总是相对稳定在某一经过自然选择的地点上。根据已有的考古发掘研究，我国史前时期的聚落分布均有以下特点：第一，缘水而居，靠近水源取水方便，而且便于开展农业生产活动；第二，居住地附近有丰富的动植物资源，以维持生活的需要；第三，地处一定高度的丘陵地带，若在山坡处，较多处于阳坡，免受猛兽侵袭和自然界风雨雷电的危害，且阳坡阳光充足；第四，位于河流阶地上，土地肥沃，避免水患。

1　庄子 . 庄子：萧无陂导读注译 [M]. 长沙：岳麓书社，2018.

在人类进化的早期阶段，人类的聚居条件处于一种原始的状态。《礼记·礼运》记载："昔者先王未有宫室，冬则居营窟，夏则居橧巢。"[1] 随着生产力的提高，人们之间的产品交换日益频繁，便逐渐出现了村落。进入有组织的原始聚居阶段，人类的居所质量有所提高，人类已经能挖洞穴（包括横穴和竖穴）并在上面加盖简单的屋顶。

原始聚落也是公共权力的萌发之地。公共权力缘于公共事务的管理，在距今七八千年左右，于稳定的聚落形态出现的同时，聚落内的公共事务与公共权力也告出现。

（三）新石器时代中期——中心聚落出现

新石器时代中期，人类历史上的第一次大分工出现了，畜牧业从农业中分离了出来。该时期的聚落变化较大，大致可以分为前、后两个阶段。前一阶段距今约 7000 ~ 6000 年，仰韶文化早期的陕西临潼姜寨遗址的聚落是这一阶段的典型代表。这一时期的聚落被称为"大体平等"的内聚向心式聚落。后一阶段距今约 6000 ~ 5000 年，该时期相当于仰韶文化的中晚期与大汶口文化的早中期。这一时期的氏族制度由母系氏族转入父系氏族，聚落内部与外部发生分化，向初步分层与分化的中心聚落转化。由于生产工具的改进、人口的增加，该时期的聚落规模比上一时期有了明显的扩大。氏族平等已不再存在，家庭财富的拉大与财富的继承，分化出家庭的贫富。加上权力的集中与权力的继承而出现贵族家庭和贵族宗族。仰韶时代晚期聚落群和中心聚落更加突出，我国最早的城已经出现。

聚落发展的最大特点是聚落功能的重新整合与集中，以往几乎所有聚落都具有的祭祀功能、管理功能、军事防护功能等，渐渐从多数聚落中剥离，转变成为中心性聚落的特有功能。聚落的防卫已不是以个体聚落为单位进行，而是在中心性聚落统领下全群落的共同行为。中心性聚落社会结构的一个突出特点便是庞大的中间阶层与相对较少的富有者和贫穷者阶层。中心性聚落的富有也远非普通聚落可比。[2]

1　戴圣．礼记 [M]. 陈澔，注．上海：上海古籍出版社，2016.

2　马新．远古聚落的分化与城乡二元结构的出现 [J]．文史哲，2008（3）: 88-90.

（四）新石器时代晚期——城市聚落出现

到目前为止，我国发现多处史前城址。其中除湖南澧县城头山测定为大溪文化一期，不晚于距今 6000 年外，其他都距今 5000 ~ 4000 年，可以说该时期是我国城市聚落的起始时期。距今 4500 年左右，也就是龙山文化发展起来之后，远古聚落逐渐被新兴的城邑和其周边郊野的村落所取代，新兴城乡二元结构登上历史舞台。

此时期，中心性聚落在与普通聚落拉开差距的同时，也开始了它自身的变异与转化，多数中心性聚落渐渐从“聚落”中脱胎而出，成为“城市”或“城邑”。邵望平、杜正胜等认为，中国早期城市的出现并不是商业发达的后果和动因，此时城市并不具备贸易中心的性质。从此时直到秦汉魏晋南北朝甚至更晚，城市都是首先作为政治中心而存在。因此用“城邑”这一概念表达早期城市是确切的。中国早期城邑形成的标志：城邑是少数贵族对多数百姓的统治；城邑是伴随着中间阶层的瓦解而形成的；城邑是与早期方国同时出现的，它既体现着卫君的功能，又实现着城市对乡村的统治，公共权力私有化已完成，标志着聚落的终结和与城乡对立的形成；城邑是一个经济消费中心，拥有相对集中的非农业生产人口，无论是脱离生产的统治阶层、祭祀文化阶层，还是手工业者及权贵的服侍人等，其数量与比例都远高于中心性聚落，从而使其必须建立庞大的粮食等物品的供应储存体系。

乡村自出现之日起，就注定了以城邑为中心的附庸地位，一个城邑统有着若干村落成为早期城乡关系的基本模式。

我国史前城市的形成地区主要集中于黄河与长江两大流域。这些地区是原始农业的起始地。在旱作农业与水稻农业中，后者对地形与供排水等方面的条件要求严格，所以，黄河中下游的古城遗址数量多于长江流域。可以说，古城首先出现于当时的农业与经济最发达地区，而农业与经济的发展又受到地理条件的制约。在功能上，除内蒙古纯粹为防卫而建的古城之外，其余古城在规模上差距很大。由 2 万平方米的王城岗到近 300 万平方米的陶寺与良渚，相差有百倍。当时我国农业发达地区出现了邦国林立的局面，即传说中所谓的“禹合诸侯于涂山，执玉帛者万国”。[1]

1　王恩涌．新石器时期的聚落演变与城市出现（二）[J]．中学地理教学参考，2009（3）：23-24.

大约在公元前5000年至公元前3500年，农业生产技术的创新和第二次社会大分工，使剩余产品有了直接交换的可能，于是，集市出现。然后，许多手工业和商业集中在市集，并筑石墙、城楼把市集围绕起来，便逐步形成了城市。以商业为主体的都市，到宋以后才兴起。

从上面的叙述可知，优越的地理环境促进了农业的发展。而农业本身的耕作和收获性质又促使人们走向定居。随着生产力的不断发展，原始社会从母系社会走向父系社会，而父系社会又催生了父系家族和宗族。经济和权力集中使聚落中出现中心聚落和城市，城市的出现又进一步促进了经济和权力集中程度的提高与影响地域的扩大。最终导致地域中最高权力——国家的出现，其权力集中的城市即国都。

三、聚落的变化与城市发展

目前在世界上，城市化水平成为衡量一国或地区现代化水平的重要指标。积极推进城市化进程有助于人口文化素质的提高、经济发展和社会进步。城市化给我国带来了聚落形态的变化，并带来了我国人民生产方式、生活方式、价值观念等的巨大变化。

在城市化的大背景下，我国农村经济相较城市而言，发展比较缓慢，城市和乡村之间的差距比较大，很多农村的青少年劳动力涌向城市。在我国社会主义市场经济的环境下，很多农民是选择迁进大城市还是留在农村都是在理性思考后决定的，其进行选择的主要依据就是预期迁移收益的最大化，而这一点又与个人所处的外部环境因素和内在自身因素有着极大的关系（图1-1）。在现实生活中，从农民迁移到城市后所获得收益来看，城市的“拉力”是大于城市的“推力”的。

面对滚滚而来的民工潮，我国城市往往不能提供更多的就业机会，失业、犯罪、贫困、环境污染等“城市病”也不断出现，城市贫困人口增加。城市贫困人口的空间聚集又扩大了贫困问题，加剧了它的负面影响。因此，在新形势下，探索适合我国国情的城乡发展聚落模式尤显重要。乡村振兴战略的提出，是解决新时代我国社会主要矛盾、实现“两个一百年”奋斗目标和中华民族伟大复兴和中国梦的必然要求，具有重大现实意义和深远历史意义。

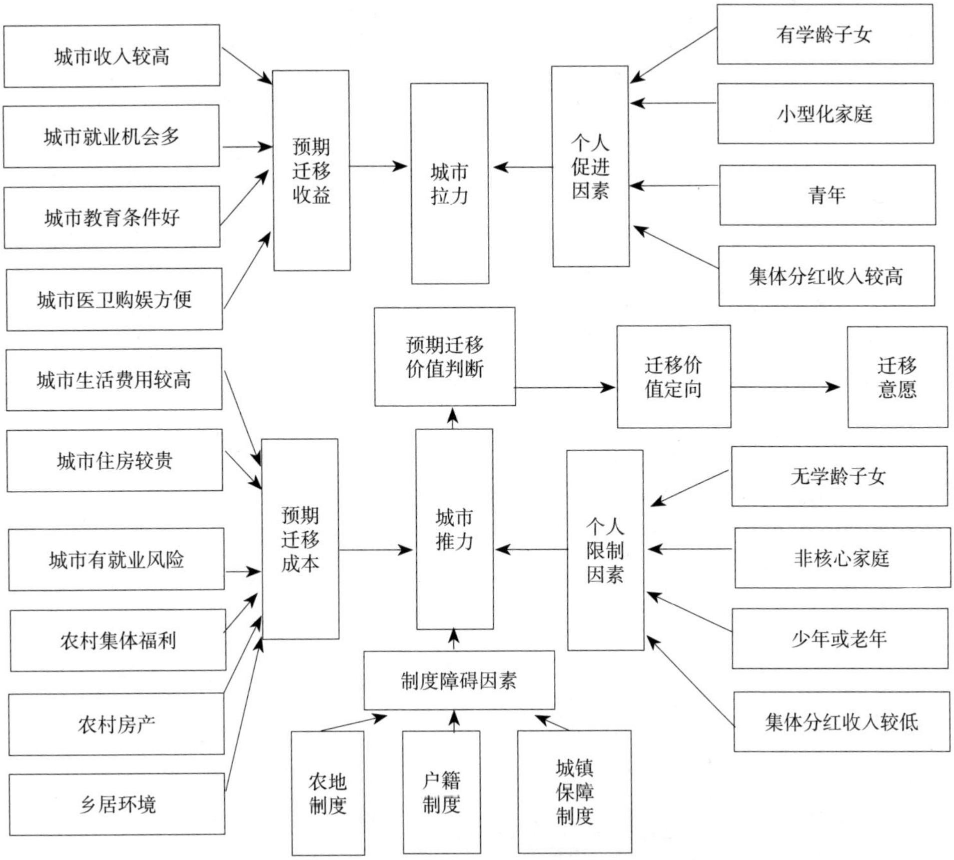

图 1-1　城市化进程中农民迁移进城的意愿模型

第二章　影响传统乡村聚落发展的因素

村镇聚落是先民们为了遮风挡雨、避免受到野兽侵扰等，营造方便、舒适的生活空间而建造的居住聚落。村镇聚落不同于城市，它的形成往往要经历一段漫长的、自发演变的过程。但是具体到每一个传统村镇聚落，则有巨大的差异，千变万化。村镇的发展带有明显的自发性，除非因天灾人祸而重建或者异地而建，基本上是世代相传、绵延至今的。聚落所在地域的经济、社会、文化结构不断地影响着聚落的形态和结构，形成特定的文化意义。

影响乡村聚落形成的因素主要有：经济因素、政治因素、思想文化因素、地理环境等。除了地形、地貌、水系、交通、气候等自然条件外，还包括：经济生活因素，不同聚落的居民因从事不同的产业类型具有不同的生活方式及要求；政治因素，包括哲学、宗教、制度等的状况；思想信仰人文因素，包括家族、家庭、风俗、风水、教育等。有些村镇聚落可能受某一因素的影响最大，其他因素的作用很小；有些则受多种因素共同影响。而且，这些因素的影响作用不是绝对的，可能在某些历史条件下，一些因素起主导作用，而到了下一个历史阶段，另一些因素会取而代之成为主导因素。

一、自然因素

村镇聚落的形态是在特定的自然地理条件以及社会人文条件的影响下逐渐形成的。自然地理因素对乡村聚落的影响十分显著，处于相同自然条件下的民居及村落，其形态便包含有许多共同的特征，而处于不同自然条件下的民居及村落，其形态则各异。[1] 我国幅员辽阔，不同地理位置的自然条件如气候、地形等方面

1　王声跃，王䶮．乡村地理学 [M]. 昆明：云南大学出版社，2015.

千差万别。这些反映在居民建筑和村镇聚落的形态上，它们存在明显的地域差异。下面就按照气候、地形地貌等几个方面进行具体的分析。

（一）气候条件的影响

气候条件对村镇聚落形态的影响是很明显的，如果一个地区的气候条件比较突出，那么这种影响将更为显著。在古代，技术条件和经济条件有限，人们一般都通过去适应当地的自然条件来营造房屋。我国陆地国土面积约有 960 万平方千米，南北之间跨越的纬度约有五十度，因此我国不同地区的气候条件差异很明显。降水量、温度和风等气候要素对乡村聚落的房屋建筑形式、结构、功能有着直接影响。

纬度较高的北方地区，冬季气温较低，因此北方乡村的住宅通常朝北一面的墙较高，且开窗较小，甚至不开窗，东西两侧基本不开窗，这样做是为了防止冷风的侵袭。北方乡村地区的门窗都集中在南面，这样方便采光，以保持住宅在冬季时的温度。同时，北方乡村地区建筑物之间的距离往往较大，这样做是为了防止建筑物之间互相遮挡，争取更长的日照时间。就整体风格来看，北方乡村地区的房屋建筑具有厚重、封闭的特征。

与北方地区相反，纬度较低的南方地区，如广东、云南等，因为气温高、雨水多、湿度大，昼夜温差小，所以这个地区的建筑物主要考虑的就是遮阳、挡雨、通风、散热、防潮。与华北和东北地区不同，南方的建筑物为了遮挡阳光力求靠拢。例如北方的四合院格局，到了南方则只剩下小小的天井；北方的街道大多很宽，而南方的街道很窄：一个是为了增加日照，一个是为了减少日照。

除了遮阳，避雨的要求也在建筑和街道等形式上反映得很明显。一般来说，雨水多的地区，其建筑物的屋顶坡度较大，而且屋檐伸出梁架之外的部分较为深远。实际上，这种设计也能遮阳，从功能上来讲，是完全一致的。就街道来说，南方街道的“骑楼”形式也是为了满足避雨的要求。

就散热和防潮的要求来说，通风是很有效的解决方法。为了满足通风的要求，云南地区的干阑式建筑可谓是典型。干栏式（又称“干阑式”）建筑尽量敞开，墙面是未经油漆的木板，地板之间留有缝隙，这种四面透风的建筑能获得良好的通风效果。除此之外，有一些建筑的山墙都不会封死，而且上面的屋面出檐很远，这样即便在下雨天仍然能有很好的通风效果。

台风、暴雨等气候条件对村镇聚落形态也有一定的影响。虽然广东和云南的气候条件很接近，但广东并不宜采用干栏式建筑，因为广东沿海，时常会有台风，而干栏式建筑很轻盈，很容易受到台风的破坏。因而，这种地区是通过小院、天井和巷道等组成的通风体系来解决散热和防潮的问题。

新疆地区，属于典型的大陆性气候，昼夜温差大、气候干燥，根据这种气候条件，当地的居民采用土坯、泥墙等蓄热量高的建筑材料来当作墙面等围护结构，以便白天隔热并吸收大量的热量，等到晚上再慢慢释放出来。同时，新疆地区的建筑平面布局比较紧凑，窗户开得很多但是很小，而且为了减少地面阳光的反射，高窗很多。此外，建筑之间的距离也较小，以减少日照的影响。而且建筑物周围会种植大量植物，如葡萄、乔木等，借其藤蔓和树影来遮挡阳光。

地处西北的陕西、甘肃、宁夏等地区，建筑形式多为窑洞，以调节温差过大而带来的问题。

西藏地区，主要气候特征就是高寒，为了保持室内温度，其也采用蓄热量高的材料来砌筑厚墙，并通过紧凑的平面布局形式来保温。但因为其需要应对高寒，所以朝阳一面一般很开敞以获得更多的日照面积和时间。

青海地区除了高寒还受风沙的影响，因此诞生了“庄窝”这种建筑形式。庄窝的墙体一般很厚很高，四面围合，中间有一个内院，屋顶用木构架支撑，上面是厚厚的黄土屋面。除了大门，庄墙上没有任何孔洞，封闭很严。这种形式有效地阻挡了风沙的侵袭，为居住者创造了安静、清洁的室内空间。

上面列举了我国几个比较显著的因气候不同而建筑形式各异的例子，除了上面所说的，其他地区也根据实际的情况，因地制宜，自成体系，创造了独特的建筑形式和风格。

（二）地形地貌的影响

除了气候条件，地形和地貌对村镇聚落形态也有着明显的影响。我国自古以来就崇尚农业生产，古代的“士农工商”，农排在第二位。对农民来说，土地是极其宝贵的生产资料和财富。因此，山区、丘陵地区的农民为了多一些收成往往会在平坦的土地上种地，而在不适合当农田的土地上盖屋，且房屋建筑多随地形而建，整体看上去高低错落、层次分明。

在河流或江畔建房盖屋，可以靠近水源，方便生活用水；可以利用水路，方便交通；还可以“靠水吃水”，捕鱼种稻，来获得经济效益；最后还能借水景增添自然情趣，可谓一举多得。

我国地域辽阔，自然环境变化万千，地形、地貌也丰富多样。有平原和江河，也有丘陵和山地，还有沙漠、岛屿、湖泊等。生活在这片土地上的人们自古以来就十分珍惜这优美秀丽的自然风貌，而且受到“天人合一”观念的影响，人们不论是选址择基还是大兴土木都很注重因地制宜，利用现有的自然因素依地形、地势、河流等建筑房屋。我国大约三分之二的国土都是山地，山地遍布西南、东南、西北、华北等部分省区，很多村镇聚落分布其间，各具特色，其中以湘、桂、滇等地区的民居尤为特别。

广西三江地区多山，这一带的侗族山寨等多处谷地，为适应地形的起伏变化，这一地区的建筑多为轻巧的木结构，顺应地形起伏，灵活多变。有些村寨甚至耸立于山顶之上，沿着蜿蜒起伏的山脊而建，逶迤连绵。坐落于山腰的村寨则大多沿等高线平行排列，“之”字形的小路在其间迂回盘旋，连接各户居民。当然，也有些村寨采用与等高线垂直的方式来建造房屋，道路也不再是“之”字形，而是陡峻的梯道，层层上升，宛如天梯。

在福建，当地居民把房屋建在坡度平缓的地段，如果要建造一些大型的住宅，则依地形而缓缓升高。如果地形很陡峭，则先修整为台地再在其上建造房屋。浙江、安徽一带的山地民居，大多分布于临水的江畔或者河边，背山面水，既可以利用水路交通的便利，又因靠近水源，方便日常生活，而且青山绿水增添了别样的生活情趣。

地处山区的村镇，不仅外形上依山地高低起伏，而且其内部构造也丰富多样，加上道路的迂回盘旋，梯道的上下贯通，从整体上看层次极为丰富，为人们提供了富有变化的仰视、俯视效果。

与山对应的便是水。传统村镇聚落，有条件的都尽量靠近水源，临水而居。如湘西一带很多村镇聚落就是沿河两侧发展起来的，凤凰古城位于河的一侧，但也有部分居民居住在河对岸，两侧通过石板桥连通。

江南地形相比西南地区而言相对平坦，但本身河道纵横，从而形成了以水路为主的交通网络，当地的居民便利用水路的优势，建立起大大小小的村镇聚落。

江南的村镇有的夹河而建，从平面图上来看呈带状；有的位于河的交叉处，从平面图上来看呈“丁”字、“十”字或者辐射状；还有的位于河流的末端，呈“U”字形……总之，这些村镇一般沿河道分布，不拘一格，建筑形式也是高低错落，但一般都朴素淡雅，配合江南的多雨天气，给人以秀丽清新的感觉。

上述为水资源丰富的地区，与之形成对比的是西北地区。西北地区气候干燥，水资源短缺，有些地区被沙漠覆盖，大部分地区很少见到植被。因此，这里大部分村落都是依据地形起伏形成的岩壁，在其上开凿窑洞作为住房，如黄土高原的窑洞等。也有一些地区采用洞、屋相结合的方式，在有条件的地方挖窑洞，而在地面上又营造房屋，形成了一种巧妙的建筑组合方式。

上文从不同的地形、地貌的角度分析了其对村镇聚落形态的影响。每个地区根据自身的地形条件创造与之相符合的建筑形式，而这些千变万化的建筑组合就形成了各具特色的村镇聚落。

二、经济因素

除了受自然条件的限制，村落的发展与演变也取决于经济、文化等多方面的综合影响。而经济运行机制和村民的经济生活是影响乡村聚落构成机制的根本因素。

（一）以农业生产为基础的传统乡村聚落

古代的村镇聚落因为是自给自足的农业经济，农业生产比较分散，所以聚落的区位结构多表现为孤立和分散。

在传统社会，大多数农民以种地为生，人们最基本的生活资料大部分来自土地，所以农业活动是传统社会最主要的经济活动。在漫长的封建时代，主要的经济形式就是自然经济，人们在土地上耕作，“日出而作，日落而息”和“面朝黄土背朝天”是对以土地为生的农民最典型的描写。随着人口的增长，人们不断地拓荒，扩大自身的生存空间，农业生产在这其中占有重要的位置。

自然经济最基本的特征就是自给自足。古代的生产工具和生产技术促使每家每户的农民在一小块地上耕作，这种生产力水平决定了自给自足的特征。传统社会，乡村的生产、流通、分配、消费等都是建立在自给性上，人们都是先满足了自家的需求，再把多余的拿出去交换或者贩卖。受耕作技术和社会经济结构的限制，自然经济总体生产水平不高。家庭经济的同构化决定了村落经济的单一化。

自然经济模式下，村落、家庭、农户与外界的联系很少，每个人所需的东西都能在村落内部获取，每个村落就好比是一个自给自足的经济单元，与外界交往或者不交往对他们的生活没有丝毫的影响，好比庄子所说“民至老死不相往来”。这种内向型的经济模式，村落是其核心，农户是其构成细胞，经济活动就是耕作。

自然经济除了农业生产外，还包括传统手工业生产。手工业生产的典型形态就是依附于小农业的家庭副业，发挥着填补农业不足、让农民保持自给自足的生活状态的作用。比如，传统社会里，家庭妇女会在农闲或者业余时间织布、刺绣等，填补家用，但人们主要的生产活动仍然是耕作，这种手工业只是副业。乡村中的工业是从属于农业的，处于次要的地位，是对农业的补充。乡村中的工业与农业牢固地结合在一起，让村落内部的生存方式更加自给自足而且持久，因此传统的乡村工业很难向真正意义上的商品生产过渡。商业也长期停滞在个体化的方式上，以贩运贸易为主，难以对村落有太大影响。每个村落就成为一个封闭的自给自足的生产单位和社会组织。[1]

家庭是自然村的基本构成单位，每一个小家都是一个小的社会，家庭成员在其中生活与生产，自成体系。由众多个家庭组成的村庄，同样是一个生活与生产的共同体，每个家庭之间都有相似的地方，每个村庄也具有相似的模式。总而言之，每个自然村落都具有类似的、相对稳定的生活、生产方式和人口结构。自然村一般都具有相对集中的农民房屋、公共设施和活动中心，不管其规模是大还是小，大部分自然村都具有相似的空间构成。村落以宗族血缘为纽带，宗法制度和伦理道德观念等构成村落的核心、约束与秩序。马克思认为，乡村的结构特征主要表现为同质与分散，“一小块土地，一个农民和一个家庭；旁边是另一小块土地，另一个农民和另一个家庭。一批这样的单位就形成一个村子；一批这样的村子就形成一个省……好像一袋马铃薯是由袋中的一个个马铃薯所集成的那样”[2]。

自然村落能够承载的人口数量，受到土壤肥力和民居面积大小的影响，而这是由自然农业的基础——土地决定的。村落经济圈是以耕作半径为腹地的对外封闭的经济圈。与内向型经济空间相对应，传统乡村聚落空间系统是以村落为中心，分散组合而成的“村落结构化”空间。表现为空间分布的均匀性和职能上的同构性（图 2-1）。

1 张小林 . 乡村空间系统及其演化研究——以苏南为例 [M]. 南京：南京师范大学出版社，1999.

2 中共中央马克思恩格斯列宁斯大林著作编译局 . 马克思恩格斯选集 [M]. 北京：人民出版社，1972.

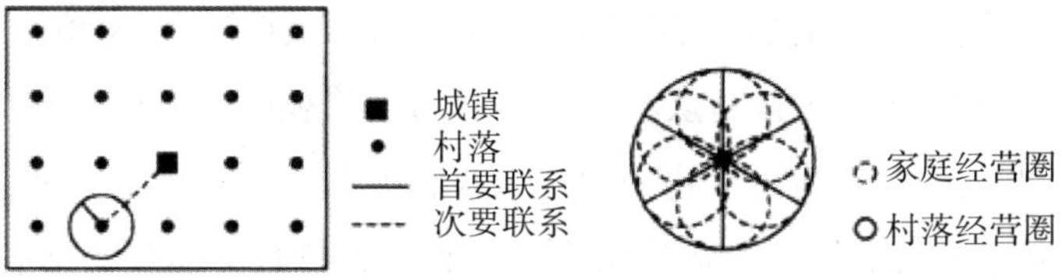

内向型经济空间结构

图 2-1　村落的均质分布

总而言之，农耕社会造就了传统的乡村聚落空间，其典型特征就是自然经济，具有封闭性和内向性，且具有很强的同质性。

（二）商业活动对乡村聚落空间格局的影响

传统乡村聚落长期处在相对稳定的状态中。商业在封建社会被称为末业，以社会服务业的面貌出现，在聚落形成中处于次要地位，仅在封建社会末期才逐渐发挥作用。某些水陆码头、货场中转集散地等依托其交通的便利因素而形成发展为商业交通村镇。

在存续时间足够长的自然经济中，农业生产占有特别重要的地位。农民与土地紧密相连，繁殖后代，并世世代代从事农业生产。尽管这是一个自给自足的小农经济，但除了支付高额税赋和维持低消费外，农民仍然拥有一些可以交换和销售的剩余农产品。手工业和贸易逐渐从农业生产中分离出来，在简单的商品交换之后，出现了贸易场所（集市）。集市的称呼不一，有“市”“集”“场”或“墟”。北方通称为“集”，南方的广东、广西称“墟”，四川、贵州、云南称“场”，有些地方也称为“市”。市、集和其他类似组织是由村庄发展而来的，在集或市里有一条商业街，是附近村庄的购物、交易中心。一些市集没有所谓的供货交易的商业街，但是有定期市；这样的定期市在平时与村庄没有区别，但是到了约定好的交易日期，它们就摇身一变成了生机勃勃的交易市场。在市、集、场或墟以上的是镇，镇由市、集等扩展而来。随着经济的逐步发展、商品的频繁交换、商品数量的增加以及居民消费水平的提高，贸易的行为也在增多。大量商品全年开放，手工艺作坊和商店遍布整个市场，从而形成了一种再次集聚人口的力量。一些市和集，由于便利的交通或适当的地理位置逐渐发展成为镇。成为镇后，村庄的色彩变得越来越弱，最终变成了纯粹的贸易中心。

我国封建社会后期，特别是明清两代，全国商品经济主要在小城镇和集市中发展起来，许多江南集镇的市场范围扩大到全国。1500 年至 1800 年的三百年间是市镇的稳定成长时期，尤其是从明正德、万历到清乾隆，市镇数量大约增加一两倍以上。19 世纪中叶以后，江南市镇进入极盛时代。如江苏省一些重要集镇的形成大都是在封建社会后期。苏南吴江的震泽镇，据 1747 年编撰的县志记载，“元时村市萧条，居民数十家，明成化中至三四百家，嘉靖间倍之而又过焉，迄今货物并聚，居民且二三千家，实邑西之藩屏也”[1]。这一发展过程是相当具有代表性的。

三、社会组织因素

（一）乡村社会组织的类型

村落的社会组织类型，若从人员组成上分，主要有两种：家族村落、杂居村落。

家族村落最初有少数家庭定居，后来发展为人口众多的大家庭，随着人口的增多，矛盾、纠纷等也在增加，于是又分为若干个小家庭。众多小家庭有着共同的血缘关系，一脉相承。此外，也有庄园式的村庄。封建社会有许多大的土地主，他们大多数人在自己的村庄里有大的庄园，这些庄园往往就是一个村落，一般会用庄园主的姓氏命名，如牛家庄、王家庄、蒋庄等。

杂居村落，则为杂姓居住。一个村庄，其中一个姓氏为主要姓氏，另一个为补充姓氏；或一个村庄有许多姓氏。第一种情况是主姓的人口占据村庄中心，辅姓的人口住在村边。尽管有些村庄名称是单一的姓氏，但它们是混合姓氏村庄。那是因为它们最初属于某一个姓的庄园，但后来可能庄园逐渐衰败，而不同姓氏佃农人又多，便逐渐变成了杂居村落。

（二）乡村组织管理的体系

在传统村落中有地方村落组织，在家族村落中大多由族长负责村落的组织管理，在杂居村落中也会有占大多数的家族的族长管理村落。同时，乡村也存在着系统的管理体系。

中国历史上在乡村建立系统的管理制度始于周代。《周礼》称周代之中央地区为“国”，地方区域为“野”，乡村是传统中国最低的国家行政单位——县以下的地缘组织。一般认为，“里”是最基本的农村编制单位。除了里以外，秦代时还

1 金其铭 . 农村聚落地理 [M]. 北京：科学出版社，1988.

有“聚”与“落”的乡村组织。据学者考证，“聚”是乡以下的农村人口的自然聚居地，与里的规模大致相当。聚是两汉设立学校时所划分的乡村组织，不具备行政与法律意义，更不是基层编制单位。有的聚只有几户人家，也有的聚与里相当。“落”是乡村组织的细胞——家户。

秦汉的乡亭制、隋唐的乡里制、宋代的保甲制、明代的里甲制、清代的保甲制，名目不一，内容有别。基本形式是积若干家为保，积若干保为里，积若干里为乡，有如分子结构，由小到大，结成一体。里甲制及保甲制，不是以自然乡村为里、甲及保的单位，而是以里、甲、户及里、甲、保为标准，即用一种与自然村落完全不同的制度来编组。一方面，减少地方村落组织的影响力；另一方面，以户或家为基准，以中国传统的家庭为单位，从聚落形态上产生一种无形的力量，把各种人、户、村落冻结，固定在各自的土地上，限制了人口（家庭）的迁徙。

以明代为例。明代的乡村组织实行里甲制度，里甲制度中的里由110个家庭组成，根据实际情况，有些地方的一里有几个村庄，有些地方一个村庄分为几个里。由于中国农村环境的变化和当地方言的变化，“里”在不同的地方有不同的名称。例如，在北方常称为“社”，有些地方又称为“图”，这也许是明代户口版籍黄册的第一页上都附有一张图表的缘故。有些地方称为“都”“鄙”“隅”“屯”等。里之下有甲，在形成“甲”这个系统时，自然村庄的社会结构不会受到破坏。政府不会为了满足110个家庭为一里的标准，而组织迁移农户。里甲的组成并没有破坏自然村落的社会结构，也没有强迫村民从这里迁移到另一个地方，以补充凑数为110个家庭。从理论上讲，里甲的创立创造了一种新的农村结构，无论自然村的大小如何，每十个家庭被分为一个甲，十甲被归为一个里。但这只是为税收收集、劳力分配和维护当地法律和秩序而创建的无形组织。

四、宗法与礼制因素

宗法制度是中国古代社会的重要特征之一，而血缘关系则是影响乡村聚落形态的一个重要因素。乡村聚落是人类根据血缘关系形成的集群村庄。血缘关系的三个表现就是家庭、家族和宗族，这种因血缘共同生活的状况已经延续了数千年，并且在广大的乡村地区仍然广泛存在。这种源于血缘关系的空间关系对中国传统乡村形态的影响达数千年之久。

（一）宗法制度的演化发展

中国封建社会历来推行宗族制度，它是用以维持家族血缘关系的一种制度，对社会的发展演变影响深远。

宗法制度是从氏族社会晚期父系家长制演化而来的。我国的宗法制度自周代以来不断地演化，呈现出不同的形态。大体上来说，主要经历了下面四个发展阶段。

第一阶段是周代的宗子宗族制时代。关于西周的宗法制度，“君之宗之”这句话充分证明，那时大小宗法制与分封制相结合，天子既是国家首脑又是宗族领袖宗子，“君统”和“宗统”是合一的。及至武王伐纣、周公东征后，周族统治集团进一步利用氏族宗法组织，将其扩大为国家统治机构，在全国范围内实行宗法分封。周天子是天下同姓贵族的大宗，王位由嫡长子继承；其庶子被分封为诸侯或卿大夫，相对天子是小宗，但在各自的诸侯国则是大宗，诸侯国的君位依然由嫡长子继承，庶子则是卿大夫；卿大夫相对嗣君是小宗，但在本族内则为大宗，位置依然由嫡长子继承，庶子则建立小宗……这样，就构成了一层又一层的大宗统领小宗的宗法关系。

第二阶段是战国时代。由于生产力提高，经济发展，个体家庭成为中国社会结构的基本细胞，而土地买卖、阶级分化等促使旧的传统的奴隶主贵族逐渐衰落，宗法制也相应发生了变化。社会大变革破坏了大小宗法制，使宗族遭到一次毁灭性打击，后经两汉时期的恢复，到魏晋南北朝、隋唐时代形成士族宗族制。即除宗亲外，又有相当多的官宦、豪强参加，扩大了种姓的范围，这些强宗大族，把持官途与土地，成为封建制的支柱。

第三阶段是唐代及宋元时代。由于封建地主阶级进一步分化，科举制度已经形成了学习和培养优秀官员的途径，官员的选拔主要来自科举考试。这样，士大夫和庶民的界限就被科举考试制度所打破。随着科举制度中官僚制度的发展，尽管此时尚有皇室贵族，但宗族的主体却是官僚家族，这一时期的宗族普遍进入了无特权时代。士庶地主在社会和经济中也保持着相同的地位。为了巩固封建生产的关系并进一步扩大统治阶级，统治者捍卫了宗法制，也就是说，一个姓氏的后代好几代人生活在一起，并共同分享财富和其他生活用品，也不会分家。统治者认为可以保持地主官僚家庭永远存在，世代稳定兴盛，防止地主阶级分裂和破产，使宗族成为封建国家的基石，实现保护国家和家庭的目标。

第四阶段是明清时期。官僚制继续发展，绅衿阶层扩大。他们为弥补丧失的特权，谋求社会权益，在地方上举办公益事业，而更重要的是组织宗族，因而使宗族在民间得到较大的发展。

由上述可知，宗族关系长期以来一直是封建社会的主要机制，在维护封建统治、服务封建政权中发挥了重要作用。政治权力、科举、宗族权力和理学思想的结合，使中国封建社会的上层建筑更加坚固，正是由于这种加强的联盟，宗族的凝聚力得以增强。

（二）宗法制度的运行机制

在农村提倡聚族而居的祠堂式家族制度，是宗法制度的重要体现。乡村聚落的迁移、建立与发展与之密切相关。

南方族居村庄的分布要多于北方，而其受礼制的影响也要大于北方。这种现象源于北方的频繁动乱，人员的不稳定。在古代移民中，战争和垦荒是造成移民最多的原因。东汉末年三国时期的大小战争，两晋的八王之乱、五胡乱华、淝水之战，南北朝对峙时期的战争，唐朝的安史之变和五代时期的战争，南北宋之交、宋元之际以及明末清初等朝代更迭之际的战争等，随着少数民族进入北方和中原，北方的汉族逐渐向东南方迁移，前往湖南、江西、江苏、浙江、福建和广东等地。中原的古代士族大家几次迁往南部，定居在浙江、江西、福建和湖南等地区。在宗族迁徙过程中，宗族作为组织者将部落聚在一起并发挥了重要作用。

在宗法制度盛行的东南地区，聚族而居的现象非常普遍。一个村落往往就是一姓一族，有些大的宗族还聚居于附近几个村子。即使几姓杂居的大村庄，其中也必定有一姓是主要的占统治地位的宗族，如形成李家屯、诸葛村、赵家堡一类的同姓村寨。

这类聚落的宗法制度主要靠三项措施来维持，即建祠堂、编族谱、设族田。祠堂是全族的信仰中心及管理机构；族谱用以建立全族的血缘关系及次序，同时定有族规、族法来规范族人的行为；族田是开展全族公共事务的经济保证。

宗族的田地是父权制所赖以存在的重要物质基础，依靠它来团结宗族，被称为“收族”。族田是集体财产，族人不得夺取和私自盗卖，政府也已明令规定不可侵犯宗族的公共财产。族田的收入不仅用于崇拜祖先，帮助贫困学生，还支持宗族中的学子读书和参加考试。它也用于村庄的公共建筑，例如道路建设、兴修水利、桥梁建设等。小型公共工程的建设由氏族田间收入资助或由每个家庭筹集资金，并由氏族成员完成。这样，以族田为经济基础，宗族将在很长时间内都保持兴盛。

宗族祠堂是宗族活动的主要场所，主持宗族事务的主要是绅衿。绅，也称缙绅，指退休的官僚及临时在籍养老侍亲、亲故守丧的官员；衿，泛指有功名的读书人，包括未仕的进士、举人、贡生和秀才、监生。所以，绅衿不是官，又非平民，是处于官民间的一种特殊的社会阶层。与官僚相比，绅衿的家族成员没有特权，所以绅衿们转而谋求社会权益和影响，热心于地方公益事业。绅衿在地方上有影响、有声望，热心于宗族活动，以宗族势力作后盾，提高自身在地方的影响力。此外，由于宗族的范围很广，每个宗族在任何时期都有绅衿人物出现是很难得的情况，因此一些当地商人甚至普通农民在没有绅衿人物出现时就会主持宗族事务。商人对宗族事业充满热情，主持平民宗族事务的情况也很多。商人在建造祠堂、修复家谱和祭祀祖先等方面都发挥了很大作用。特别是在清朝中后期，商人和实业家的社会地位得到了提升。在这种情况下，氏族常常愿意接受他们对宗族事业的捐赠，然后选举他们为族长。

在明清时期，宗族的组织功能也从以政治功能为主转变为以社会功能为主。从本质上讲，宗族群体正在从贵族组织逐渐转变为非政府组织，而民间性质则在逐渐增加。就成员而言，逐渐从由少数人参与决定变为由多数人参与。它通过建立宗族义庄、宗族祀堂和学堂等各种方式促进宗族的互帮互助、赈济贫困、帮扶弱小、赡养老人，并增强其社会功能。

可以看到，宋以后，特别是明清以来，封建基层政权和宗族组织是农村中同时存在的两种组织形式。由于聚族而居，一村就是一族，封建基层政权也往往以村落为单位建立起来。这样，一个自然村落，从宗族系统来说是一个宗族组织，按血缘关系来划分居民；从政权系统来说，它又是一个基层政权组织（如里甲、保甲），按地域关系来划分居民。这两种组织形式，在东南地区是合二为一的，族长往往就是里正、甲首，他们管理下的村民，既是全宗族的成员，又是全村落的村民。清人冯桂芬在《复宗法议》中提出的“保甲为经，宗法为纬”的主张，就是对宋以后农村基层政权与家族组织关系的总结。[1]

1 余英.中国东南系建筑区系类型研究 [M]. 北京：中国建筑工业出版社，2001.

（三）古代的礼教传统

在中国长期的封建社会中，以儒学为中心的礼教向来是立国之本。古代礼制主要著作《礼记》中说："道德仁义，非礼不成。教训正俗，非礼不备。分争辨讼，非礼不决。君臣、上下、父子、兄弟，非礼不定。"一切社会活动以及相关的用具，皆需按照人们的社会地位，安排出一定的等级差别，并形成制度，相约遵守，即孔子说的"安上治民，莫善于礼"。礼是决定人伦关系、明辨是非的标准，是制定道德仁义的规范。这种礼教与礼制上自封建帝王下至平民家庭，一贯到底，所以广大农村的家族和家庭可以说是贯彻执行这种礼制的基层单元，是古代中国礼制统治的基础。

除了在物质生活中应对自然灾害和人为灾难之外，家庭的生存和兴盛还必须能够维护家庭秩序，增强人们的凝聚力，并要有引导人们努力向上的精神支柱和道德标准。礼教思想是封建道德思想的伦理体现，它肯定了族权、父权和夫权的神圣性。伦理道德首先就是孝，尊重、孝顺长辈，此外还有很多别的要求，这些都反映在家庭组建伦理中，如祭祖宗、重纲常、孝父母、敬公婆、亲师友、训子孙、睦邻里、从夫子、肃闺阁、严治家、节财用等。礼不仅是一种思想，而且是人们一系列行为的规则。

在很长时间内，礼教制度对中国人的社会行为有着极大的影响。它要求每个人都严格遵守封建社会规范和道德限制，礼制的界限是无法跨越的。礼教制度是稳定传统社会的不可侵犯的规则，甚至可以说它凌驾于人们的生活之上，并要求生活具有道德感。礼教制度是村庄精神空间形成的基础，而礼教空间则表达了对家庭和祖先的至高崇拜以及绝对服从的精神，这已成为形成中国传统聚居空间的基础。

五、文化因素

（一）耕读文化与市井文化

1.耕读文化

古代社会重视农业也重视教育，耕读文化源远流长。古代的士子大多耕读结合、半耕半读、晴耕雨读、忙耕闲读，耕是人们得以生存的根本，是读的物质基础和经济基础；而读对于广大的士子来说，既是精神的自我提升也是入仕的学问基础。"朝为田舍郎，暮登天子堂"是农家子弟的最高理想和宗族荣誉。

中国的封建社会长期实行中央集权下的官僚政治。除了皇帝以外，所有的官吏都既不是终身的，也不是世袭的。人们通过科举的道路进入掌权者的行列，出身也不同。而知识分子一向就做好了“达则兼济天下，穷则独善其身”的可进可退的思想准备。所谓“耕读”的理想，包含着进、退两个方面。

一方面是积极地猎取功名。通过读书，通过一级级的科举考试，才能“学而优则仕”，步入仕途，光宗耀祖。或研习文史、诗书自娱，做个有文化的地主。即使一生不中功名，亦以田园之乐为志趣。江西、皖南、楠溪江、闽北、粤东等地的移民，基本上来自中原士族，多为读书门第出身，南迁后仍讲究以读书为本，使中国耕读文化走向成熟。唐宋八大家中欧阳修、王安石、曾巩三人都是江西人氏。特别是宋代，科举之风盛行，读书蔚然成风，人们一方面以农耕生活为本，一方面通过发奋读书入仕。明代以后，江西科举入仕者更多，“一门九进士，同胞两翰林”的现象已不少见。

江西省乐安县流坑村，始建于唐代开平初年，全村皆姓董，尊奉西汉大儒董仲舒为先祖。据明代流坑村《董氏族谱》记载，流坑董氏原籍安徽，其祖董晋为唐朝宰相，其后裔为避唐末黄巢之乱，遂迁江西。董氏家族历来崇尚耕读，全村建有书院 28 所，先后出过文武状元各 1 名、进士 32 名、会元 1 名、解元 10 名、封子男爵 2 名、师保 6 名，举人就更多了，培养出县以上文武官员及文化名士达 300 余人。[1]

除了获取功名要“进”外，耕读理想“退”的一面则表现为消极隐逸闲适，终老林泉之下。即使是那些科举中举，有了高官厚禄的，在老了之后也会告老还乡，回到自己的故乡，加入隐逸者的队伍。所以，对知识分子来说，隐逸生活有着很大的吸引力，甚至被赋予了其一种崇高的道德意义。在农业社会中，中国传统乡村将田园风光与农业和耕读生活结合在一起，达到了寄情山水、亲近自然、致力读书、通达义理的境界。崇尚隐逸，会发现自然风光之美是绝佳的田园生活环境，并且对大自然有亲密感。中原的频繁战争导致人口向南部流动。湖南、江西、江南等地美丽的风景和相对封闭的地理区域，已成为中原移民避免战争和休养生息的理想场所。自然景观的亲密感总是与充满道德价值的生活的理想之美联系在一

1 郭谦 . 湘赣民系民居建筑与文化研究 [M]. 北京：中国建筑工业出版社，2005.

起。由于对乡村、风景和农业生活的热爱，在文化发达的南部村庄中，许多村庄都有“八景”或“十景”，它们是人文美与自然美的和谐结合。乡村文人喜欢发现和命名修整建造“八景”和“十景”，并将它们作为主体，用诗歌和诗作来表达自己的感受。

浙江省兰溪市诸葛村至迟从明代起就有“八景”。这“八景”是“南阳书舍”“西坂农耕”“双井灵泉”“清溪夜碓”“菰塘霁月”“石岭祥云”“岘山夕照”和“翠岫晓钟”，表现出浓郁的对田园美、山水美的热爱和对生活美的热爱。

2. 市井文化

中国古代以农业为本，中国古代早期的城市也是以农业为本的城市，是从农业聚落演化而来的，与农村有一种天然的联系。作为中国人主体的农民大都被束缚在土地上，历代王朝为保证赋税地租来源和巩固社会秩序，素称“以农立国”，毫无例外地把“重本抑末”作为“治国之道”。

《吕氏春秋》记载：“民舍本而事末则不令，不令则不可以守，不可以战；民舍本而事末则其产约，其产约则轻迁徙，轻迁徙则国家有远患，皆有远志，无有居心；民舍本而事末则好智，好智则多诈，多诈则巧法令，以是为非，以非为是。”[1]统治者认为，如果农民都去经商而不再从事农业活动，封建政权失去了对农民的控制，因此他们可能会招募不到士兵，收不到租金，甚至可能连法令也得不到落实。因此，过去的封建统治阶级在允许的范围内限制了工商业，限制（尤其是农村）手工艺品的流通，限制民间采矿和商业的发展，并维持农村空间的可持续发展格局。

重农抑商的国家政策严重压制了商业阶层，并给商人带来了巨大的社会压力，他们的社会地位不仅远远低于官僚和小地主，而且处于农民之下。由于他们的社会地位低下，无法持续保有金钱，他们尽一切可能提升他们的社会地位。此外，钱财在给他们带来丰富物质生活的同时也让他们成为公众批评的目标，而且使所谓的“浮财”成为小偷和帮派的目标。相比较钱财，土地是不可能被偷走或打劫的，是实实在在的“实财”，将土地传给子孙后代比将钱财传给子孙后代更安全、稳妥。因此，总的来说，在生意成功之后，他们就会在农村地区购买土地。由于

1　吕不韦 . 吕氏春秋 [M]. 吕晓蕾，译 . 北京：团结出版社，2017.

与村庄的血缘关系一些商人虽然居住在城市中，但他们仍然热爱自己的家乡，“衣锦还乡，光宗耀祖”已经成为他们的目标。商人在做生意和租用土地时会在家乡购买土地。万一发生自然灾害，土地收成不佳，他们还有商业收益；如果生意变幻莫测，还有土地可以依靠，可谓是双重保险。例如，明代的徽州商人遍布全国，连同当时在扬州的盐商和在苏州的刺绣商等中国成功的贸易商，他们被认为是当时中国经济运作的重要力量。他们在城市做生意，致富后回家，建祠堂、园林和高楼，农村仍然是他们安身立命的场所。

商业财产的最大消耗之一是房屋建造和建设乡里，这是一种历史传统。在许多乡镇，商业资本投资的重点不是扩大生产，而是对宗族公共事业的投入，如修桥铺路、修建祠堂和学堂等。一方面，可以看出这种资本流向宗族而不是再生产，与现代商业有着明显的区别。但另一方面，这种公共服务在增强宗族的凝聚力和稳定性方面发挥了重要作用，这是古代中国特色的以血缘为基础的社会保障机制。

明代后半叶以来，随着商品经济的发展，早期的“商民”中有一些人很快富裕起来，同时，也就萌发了以他们为代表的新文化、新道德、新风尚和新的价值观。它们不可避免地要与“四民之首”的“士类”所代表的正统封建文化发生尖锐的矛盾。封建文化一直采取重农抑商的经济思想，因此鄙视这些新的文化现象。这种新的文化因素虽然带有“铜臭”味，但不能被正统封建文化所抑制、封杀。它不仅会随着商人建设乡里的行为逐渐扩展到村庄，而且这种价值观还会被反映在上层文学的思想中。商业经济带来的新市场文化对传统文化构成了巨大挑战。长期以来占主导地位的上层文化、具有挑战性的市井文化以及无处不在的民俗文化，这三个因素的共存、纠缠、矛盾和兴衰体现在传统的聚落中，从村镇的机构到房屋建筑的装饰甚至内在的家具陈设，都可以看出来。

入仕、兴办社会公益事业和捐资纳官既实现了富商巨贾的政治理想，也摆脱了修建豪华大宅的种种限制，极大地促进了村镇聚落的建设和发展。长期的封建制度赋予官员各种可以保护和增强财产的社会经济特权。清朝将商人视为财富的来源，而商人则将政府视为避难所。富裕的商人受到政府的保护，减少了对商业活动的限制，并且使财富的获取更加方便。如果有商人家族的人走上仕途，可以享受高级别的住房建设数量和规模，庭院宽敞，装修豪华，风格气派，通过这种方式来光宗耀祖，福泽后代。

南宋以后，江南农业发展迅速，明清以来衣冠大族多走“以商从文，以文入仕，以仕保商”的路线。如江西乐安县流坑村即以竹木业为振兴之本，浙江兰溪市诸葛村则以经营药业为主业。由于农、商、文、仕数业并举，大大增加了农村的经济实力及文化程度，所以才形成诸多高质量、深内涵的乡村聚落。

江西省乐安县流坑村为董氏大村。从宋代开始，通过读书而享高官厚禄，当了官又反过来激励人们读书，这已经形成了流坑村数百年的文化传统。但是，当官对流坑村最深远的影响是财富的积累。明中叶以后，董氏在长江中下游发展商品经济和竹木贸易，使流坑村繁荣兴盛，村中有识之士继承祖业，兴建学堂，修谱建祠。那一时期的流坑村的经济远超附近村落，而且引起了流坑村深刻的社会变化。发了财的商人广泛结交官府，并且捐得儒林郎、州司马等虚衔，同知、千总之类的闲职或监生、贡生的身份。“四民之末”的商人成了最显赫的人物。他们还用钱财购买在宗族中的地位。许多人因为士绅的身份当上了一房之长，甚至是族长。因为修建学堂的是商人，所以他们的孩子享有各种便利，因此他们逐渐从中受益，甚至扮演了封建伦理教化中代表者的角色。他们还花钱在宗族的公共事业上，如修桥、铺路、修建祠堂、救灾、救济孤儿、帮助寡妇和赡养老人。

安徽省黟县西递村自古文风昌盛，到明清年间，一部分读书人弃儒从贾，经商成功后，回乡人兴土木，建房、修祠、铺路、架桥，将故里建设得非常舒适而又气派堂皇。至清乾隆年间，共有600余幢豪华的深宅大院，形成规模宏大的村落（图2-2、图2-3）。

山西省碛口镇因转运业而繁荣。清朝至民国年间，得益于大同碛险关，以及晋商的辉煌，成为“晋商西大门，黄河大码头”，商品经济得到了快速发展。经商发财的大商家有很重的“安土重迁”的观念，他们中的大多数把钱带回老家修窑建房。而碛口镇街面上的店铺只是作为经营点，虽然也宽敞高大，但大部分都不加装饰，简单朴素。碛口镇附近的李家山、西湾、高家坪、寨子山、孙家沟等比较偏僻的小山村里都有大规模的豪华宅院（图2–4）。

云南省腾冲市和顺镇最初依托屯垦守境发展而来。随着人口的增长，单纯的农业经济难以满足发展需求，和顺人开始在境外开展业务。在当地农业经济和外援商业经济的共同支持下，和顺的经济实力大大提高。在国外经商的和顺人将可动用的资金投入到建设公共教育和公共服务中。依托当地农业经济，出口业务扎根于当地商业经济，已成为和顺市经济结构的主要体系。由于和顺镇位于当地商贸的路线上，并且交易活动频繁，因此它也是中国西南地区主要的珠宝经销中心之一。为了满足这种商业和经济活动的需要，在定居点的南侧形成了一条主要的贸易路线，这不仅是生活和运输的空间，还是商业活动的舞台。在富商宅第装饰中，可见各式的福语。花饰、图案大都描金，象征富贵、财运（图 2–5）。

图 2-2　安徽西递村

图 2-3　安徽西递村牌楼

图 2–4　山西碛口镇

图 2-5　云南和顺镇远眺

（二）地域文化的影响

地域特征对传统村镇聚落也产生了很大影响。基于特定地理、气候因素的外部条件与经济社会文化因素的结合，以及随着移民而产生的各地文化的交融与碰撞，共同影响着区域内的传统村镇聚落，使其具有强烈的地域文化特征。

汉文化是中华民族文化的主体，汉族是中国的主体民族，历史悠久。黄河流域的汉族繁衍生息，不仅继承了黄土地上汉族祖先创造的中国农业风范传统，而且吸收并融合了周边少数民族的文化内涵，形成了中原地区独特的文化。自先秦以来，中原文化随着儒、墨、道、法的共同兴盛，百家争鸣，开中华民族古代文化之先河。然后，经历了从秦汉的孔孟之道到魏晋南北朝的唯心与唯物的斗争，隋唐时期的儒学、佛教和道教的融合以及宋明理学的发展。随着人口的迁移，在不同的时期和地区，文化发展都会受到多种外国文化的影响。随着文化的传播，本地和外国文化的冲突和融合造成了多样性的文化，并体现在各地的村镇聚落中。

闽粤地区客家堡寨深受客家文化影响。客家是指古代时期从北方中原地区南迁后，聚族而居的汉人。历史上东晋、唐末、宋元和明清之际，都发生了大规模的北方汉人迁徙南方避乱，分布在今广东、江西、福建交界的山区。为区别于当地世居居民，后来便称这部分南迁的汉人为客家。在客家人的姓氏族谱中，对本家族系祖源有详细记载。据所收集到的族谱资料记载，客家人源于汉族。客家人所承传的文化意识，是中国数千年存在着的以孔孟思想为核心的儒家思想。客家人在对传统儒家文化思想的承传和深化中，广泛地吸收异体文化意识并加以融会、变异，使客家文化在传统结构基础上发生新的变化。但儒家思想的“人文精神”经客家人艰苦的流徙生活的锻炼，反而得到强化，形成了客家人战胜困难、寻求生存的精神支柱。同时，在长期的历史发展进程中，客家社会由晋末至五代时期的孕育、宋代的形成、明末清初至民国初的高度发展，逐渐形成有别于汉民族其他民系的社会特征，即具有完整的宗族家长制度、强烈的国家观念和民族意识、独特的方言和风俗，以及值得称道的客家精神（图 2-6）。

图 2-6　福建南靖裕昌楼

第三章　传统乡村聚落的空间形态

一、传统乡村聚落形态的构成

（一）传统村镇空间形态特点

我国传统聚落的空间形态包括了村镇的总体空间形式，以及村镇中民居、街巷、水道、桥梁、广场等组成要素的格局、风貌等实体的表现形式，也包含了更深层次的文化内涵。传统村镇聚落空间受到地方自然条件的制约，体现了传统聚落演变过程中的经济、政治、文化等各种信息，反映了一定历史条件下人的心理认知、行为和村镇空间的互动关系。

传统村镇聚落的形制没有固定的模式，多是通过聚落有机体内的要素不断协调自然生长起来的，总体布局较为自由、随机。传统村镇聚落的发展都是围绕着街道、广场、公共建筑等公共空间有机地进行的。聚落多采用小尺度体系，呈现出一种宽松舒适的特点。街巷的方向感来自当地特有的地形坡度、水系。住宅在外观上大都形态相近，沿着街巷、水道分布。村落中的建筑都基于围合形式布局，中间形成庭院或天井，作为家庭日常生活的中心。街巷与院落自然生成，构成多样的公共场所，彼此相互渗透交织。

院落是村镇聚落空间形态的基本组成单位。院落是我国传统农业和封建伦理影响下的家庭建筑，主要的形式为合院式，依据不同的环境和条件，主要表现为三合院、四合院、天井式合院等形式。单体建筑以内院或天井为连接点，以厅堂为主轴线，形成纵深的院落，院落按中轴线纵深展开，规模上可以为一进院或多进院。还可以水平重复展开，称为跨院。由于空间布局的特点，在院中就形成了不同层次和尺度的开敞和封闭空间的组合。

院落群相互结合构成村镇聚落的空间形态。即把以相似方法建造的合院建筑作为村落基本单元，依据特定的人文因素（如宗族、伦理、风水观念等）及自然条件（如地形、水系等）在场地上逐渐扩充，组成复杂组合体，构成聚落空间形态的基础。

院落群沿着街巷，并围绕着公共建筑、广场等公共空间逐渐发展，形成聚落。祠堂往往作为标志性建筑而构成空间形态的核心。街巷空间与宅院、庭园、广场、集市、码头等社会生活场所联系非常紧密，这些公共空间分散各处，与丰富多样的社会生活场所融合在一起，极大地满足了社会生活多样化的需求，也给街巷空间带来了浓厚的生活气息和旺盛的生命力。

传统村镇聚落空间形态具有如下特征：空间形态灵活而多样；依托祠堂、寺庙建筑等形成标志性和象征性空间；空间流通，由牌坊、照壁等建筑小品形成围而不堵的效果；尺度适当，景观丰富，利于步行。

在村镇中，街道及广场空间构成聚落中重要的外部空间，它与民居的实体形态具有图形反转性，体现了传统村镇极富变化的空间形态。

由于受到外界客观因素的制约，传统村镇形成了协调自然环境、社会结构与乡民生活三者的居住环境，体现出结合地方条件与自然共生的建造思想。它们结合地形、节约用地、考虑气候条件、节约能源、注重环境生态及景观塑造，运用手工技艺、当地材料及地方化的建造方式，以最少的花费塑造极具居住质量的聚居场地，形成自然朴实的建筑风格，体现了人与自然的和谐。可以说，因地制宜、顺应自然是传统村镇空间营造的一个主导思想。

聚落屋顶组合而成的天际轮廓线，民居单体“细胞”组合成的组团结构，以街、巷、路为骨架构成的丰富的内向型空间结构，通过路的转折、收放，水塘、井台等地形地貌形成的亲切自然的交往空间，无不体现出自然的结构形态。传统村镇街道和广场更是创造了多义的空间、尺度宜人的空间结构、丰富的景观序列和结合自然的空间变化。

（二）传统村镇街道

道路是村庄和城镇形态的骨架和支撑，是村庄和城镇空间的重要组成部分，但它永远不会单独存在，而是与村庄和城镇建筑及周围环境共存。根据人们步行的交通需求并结合地形特征，它构成了乡村和城市中清晰而规则的交通空间。次要道路沿主要道路的两侧或村庄和城镇的中心地带延伸至任何建筑物或庭院的入口。像树叶的叶脉一样，主脉包括各种支脉，而支脉又包括每个叶细胞。村镇道路连接着每个建筑物，村庄广场和城镇中的各个组成部分，影响其外观、方向和形状，使城镇的生活井然有序、生机勃勃。道路延伸的地方，乡村建筑和公共设施也将延伸。乡镇道路是乡镇的骨架，其地位和发展将决定乡镇的现在和未来。

云南腾冲和顺镇街巷纵横，相互交错。村落大体格局为“东西两小块，南边一大块”，路网呈鱼骨形，主要道路有两条，一条位于村北，是沿大盈河的环状主干道，是联系村落东、西、南走向的交通干道，所有南向的街巷与之“丁”字相交，而另外一条位于村南，是生活干道，类似城市的商业步行街，所有北向的道路也与之“丁”字相交。两条干道大体与河流平行，且之间有若干次干道相连。和顺传统聚落在发展演变过程中，大体沿道路骨架呈东西向展开。月台、洗衣亭、宗祠、寺庙、道观等要素起着良好的联系作用（图 3–1）。

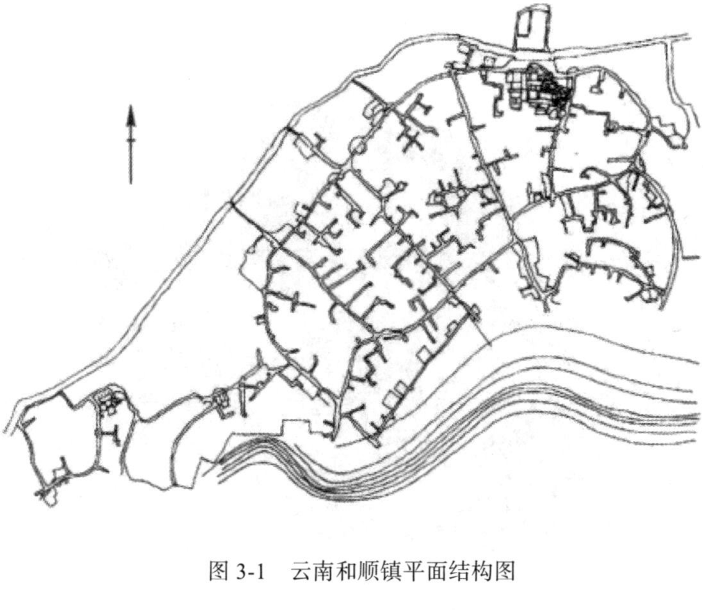

图 3-1　云南和顺镇平面结构图

（三）传统村镇广场

在传统村镇中，作为公共活动场所的广场多是自发形成的。

我国农村在很长时间内都是自给自足的农村经济，在这种背景下，再加上封建礼教的束缚，农村对公共社交活动并不怎么重视。这种情况体现在传统聚落形态上，就是充当社会交往活动的场所——广场，相对较少。随着经济的发展和手工业的兴旺，人们在生活中开始进行商品交换，于是在一些相对富有的地区开始出现了一些进行商品交换的场所，即集市。与此相适应，一些村镇在村口、桥头、路边等交通便利的地方，设置一个固定的贸易场所，便形成以商品交换为主要内容的集市广场，它主要依附于街巷或建筑，并成为它们的一部分。广场的外围建筑一般是茶楼、酒楼、澡堂、店铺等商业及服务业建筑。在江南水乡，热闹的集市附近或村镇入口处，往往扩展一部分水面，作为船只流动或船只停泊之用。较大的村镇还常建有水上戏台，使水上广场变为文化娱乐性场所。

村镇广场作为公共活动场所，既是道路空间车流、人流的大型集散点，又常常辅以牌坊、市楼等公共性建筑，构成聚落空间的景观节点。这一类广场在布局上表现出极大的随机性和丰富多彩的变化，如浙江宁波鄞州区梅墟镇广场（图3-2）。

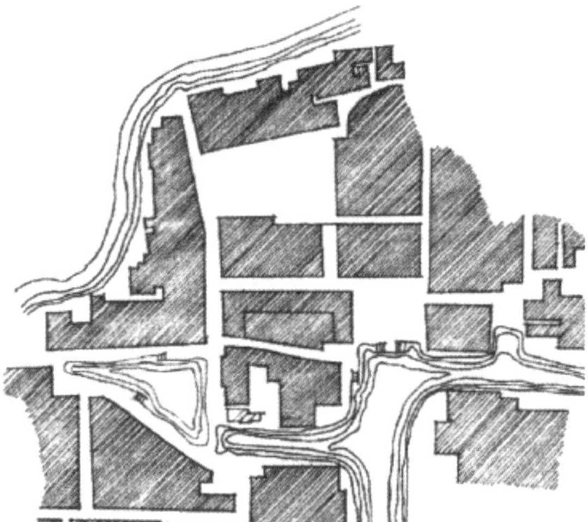

图 3–2　浙江宁波鄞州区梅墟镇广场

广场空间可能是街巷与建筑的围合空间，可能是街巷局部的扩张空间，也可能是街巷交叉处的汇集空间，它位于道路的转折点、交叉点或端点，在道路空间中占据着视觉转换的节点。传统村镇常以此构建出广场类的公共活动场所，从而形成交通广场。如陆上交通的五岔、三岔、十字路口及巷子的转折点，常有一个小广场作为交通缓冲和人流的停留处，这种广场大多是从交通功能出发自然形成的，是因地制宜、充分利用剩余空间的结果，所以占地面积大小不一，形状灵活自由，边界模糊不清。

从构成的角度看，广场可以被视为村镇空间节点的一种，主要是用来进行公共交往活动的场所。传统村镇中的广场承担着宗教集会、商业贸易和日常生活聚会等功能，大多具有多功能的性质。一般情况下作为村镇公共建筑的扩展，广场通过与道路空间的结合，成为村镇中居民活动的中心场所；若与井边小空间相结合则往往成为公共空间与私人空间的过渡，起到使住宅边界柔和的作用。对于某些村镇来讲，广场在功能上不限于作为宗教祭祀、公共交往以及商品交易等活动场所，还可作为交通枢纽。特别是对于规模较大、布局紧凑的某些村镇来讲，由于以街巷空间交织成的交通网络比较复杂，当几个路口汇集于一处时，便自然而然地形成了一个广场，作为全村的交通枢纽，如云南大理州村道路汇集而成的广场（图 3-3）。

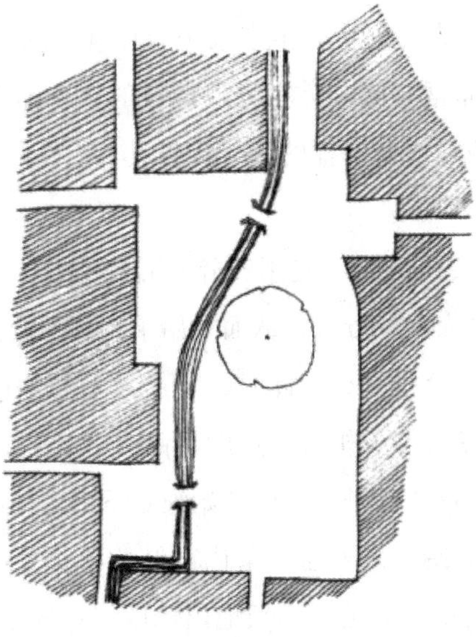

图 3-3　云南大理州村道路汇集而成的广场

二、传统乡村聚落形态的演化

（一）传统乡村聚落形态演化的空间过程

聚落形态在空间上表现为一定的结构网络与土地利用关系的重合，它们的发展变化是影响聚落形态空间特征的直接因素。结构网络包括由村落和城镇组成的聚居形式网络、交通通信网络及自然的环境网络等。土地利用关系主要包括居住地、就业地、农田、交通联系走廊等物质系统及其相对应的人口分布、居住、就业、人的流动、物的运输流等动态系统。对于一定区域内的乡村聚落形态而言，它的空间内容应表现为乡村、城镇以及城乡之间的相互关联。

1. 乡村

村落作为人类最早出现的聚落单位，承载着农耕时代的人类生活，其空间演化的过程清晰地对应着农业文明演进的轨迹。

（1）采集狩猎阶段

旧石器时代是人类历史上的采集狩猎阶段。当时，人类的生活方式非常简单。他们只能靠收集天然水果、根块，捕鱼和打猎为生，而不会干扰粮食生产过程。就像其他生物物种一样，人类完全受生态系统内在规律的支配。在此期间，人类使用和改造自然的能力非常有限。为了维持最低的粮食消费水平，人类群体在不断流动。因此，尚未形成像村庄一样的永久定居点。

（2）原始农业阶段

新石器时代早期，人类发明了先用石斧、石锛等工具将树砍倒，待其晒干，再放火烧荒播种的“刀耕火种”方法，从而开始了利用农业技术开发农业资源而非依靠天然食物的原始农业阶段。尽管此时的生产技术和生产手段比较落后，但作为食品生产者，人类最终获得了相对稳定的食品来源，这改变了他们作为食品收集者的生活方式，并且更重要的是，人们开始安定下来。

原始农业的脆弱性迫使早期群居聚落内部结成了重要的社会组织——氏族公社。每个氏族公社都有自己的领地，在领地内氏族统一划定居住用地、耕种土地、放牧草地以及砍柴的林地。同时，原始宗教开始出现于人类的精神生活之中。

考古记录表明，早期的村庄总体上呈圆形，圆的中心是氏族存放食物和补给品以及举行公共宗教仪式的空间，周围是半洞穴式的住宅。这种封闭的原始空间结构简单，凝聚力强，可以满足人们抵抗侵略的基本需求。例如，在陕西临潼姜寨原始村落遗址中，居民点是呈现出强烈向心性的住所的组合。不仅如此，村落还存在明显的分区，有区别生者和死者的居住地和公共墓地，并有独立的作为生产活动场所的窑址。

（3）传统农业阶段

传统耕作与原始耕作之间的本质区别在于，传统耕作中每单位土地的能量输入和由此产生的土地产量的提高。在这一阶段，人类农业技术得到进一步发展，耕作制度和耕作技术不断改进，特别是铁农具的发明和广泛使用，使得有可能以家庭为单位进行农业生产。

随着家庭职能的形成和扩展，以宗族为基础的原始经济形式逐渐被以家庭为基础的私有经济形式取代。氏族的公共财产被分配给家庭。这样，具有中心感的村庄的圆形结构就失去了存在的基础，并逐渐演变成由正方形单元簇集形成的村庄形式。此外，方形结构更适合于村庄规模的扩大。

这一时期人类生产能力有限，生活方式单一，处于农业和家庭手工业相结合的自给自足的自然经济阶段。由于单位土地供养人口的能力薄弱，加上农业耕作半径的限制，村落整体规模较小且布局分散。此外，生产方式与生活方式的统一带来工作地与居住地的统一，形成村落形态封闭、内向的特征，呈现出男耕女织，日出而作、日落而息的生活场景。

（4）工业化阶段

工业化发端于 18 世纪中后期。以蒸汽机的发明为标志，机器的推广应用彻底改变了农业社会以来人类的生产和生活方式、社会系统的结构乃至于文明的模式。迄今为止，工业社会是人类历史进程中，人口增长最快、发展最迅速、财富积累最多、社会变动最剧烈的时期。

在生产领域，大型机械的生产逐渐取代了小型手工生产。与农业生产相比，工业生产已成为一个复杂的生产过程。从原材料输入到产品生产，它通常经历一系列的生产环节和多个过程。生产环节需要分工、协调与合作，因此个人和家庭无法实现生产。产业技术结构的特征和产品分配的市场经济体制决定了工业化的性质。

工业生产的集中度体现在两个方面：第一，工业部门内部的集中度，即生产规模的扩大；第二，工业部门之间的集中度，即工业生产的集中度。在空间方面，工业生产要求相对集中在密闭的空间中，具有更好的社会分工和合作条件，从而有利于分工和提高专业化程度，有利于对大型基础设施建设进行投资，提高盈利能力。具有一定人口集散基础的城市承担了这一职能，并成为由工业革命驱动的新的社会体系，形成了一系列与农业阶段完全不同的社会结构、制度、价值观和生活方式。这是城市化的基本过程。可以说，工业化和城市化从一开始就像一对孪生兄弟，相互依赖，相互推动，加快了人类文明的进程。

而此时的乡村面临着巨大的资源压力，人口膨胀，土地紧张，传统农业的增长接近极限且产出效益低下，劳动力大量剩余。这一切都迫使劳动力从农业转向工业，形成社会化的生产活动，乡村被整合到一个以市场普遍联系的巨大政治经济系统之中。当这个系统拥有和支配乡村的资源利用和产权时，传统农业阶段中那些行之有效的资源管理机制就彻底崩溃了。村落的藩篱被打开的同时，村落也处在了解体的边缘。

2. 城镇

城镇的产生滞后于乡村，一般认为城镇是村落产生后社会生产力发展到一定阶段的产物。

（1）城镇的形成

在原始农业阶段的末期，人类已经开始定居，但农牧业生产完全局限在各个氏族村落内部，村落间没有进行交换的基础。随着社会生产力的持续提高，农业和牧业生产逐步分离，出现了第一次社会大分工。第一次社会大分工促进了畜牧业和农业的发展，两者在生产力发展的基础上都出现了产品剩余，为最初的商品交换提供了可能的物质基础。交换一旦具有经常性，就必然出现固定交换的场所。后来，这些场所逐步演变为市集。

随着生产力的进一步发展，手工业与农业分离，形成第二次社会大分工。第二次大分工提高了劳动生产率，扩大了交换范围，使得农业、牧业和手工业彼此之间都有可能进行交换，交换的日益频繁和扩大促使了商品生产的萌芽和发展，逐渐形成了许多手工业和商业的集中地。市集逐步成为城镇。

（2）城镇的分化

早期的城镇，由于劳动分工产生了阶级，阶级的分化导致了国家的出现。一些城镇由于政治统治的需要而发展成为城市（包括首都和县），而其他部分则作为商业中心发展成为较小的城镇。两种类型的城镇都必然在全国范围内形成某种类型的网络结构分布，并且由于它们在网络中的角色不同，它们面临着不同的空间演化过程。

出于防御与统治需要，古代城市外围都带有城墙，内部大多围绕政权机关以规整的布局体现秩序、权力与威严。那时的城市“系指一种新型的具有象征意义的世界，它不仅代表了当地的人民，还代表了城市的守护神祇，以及整个井然有序的空间”。如《周礼·考工记》中记载的中国古代城市形制（图 3-4），其严整的规划建设制度对中国古代城市的空间形态产生了深远的影响。

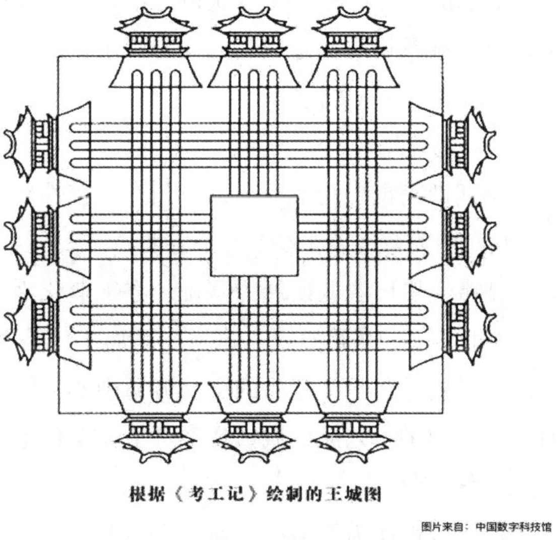

图 3-4　根据《考工记》绘制的王城图

进入工业化阶段，城市的生产功能成为主要功能，其他生活细节则是附属的。在这一时期城市的空间结构受到经济因素的影响，产生了功能分化和阶层分层，形成了比以往任何时候都更为丰富的空间形式类型，从而形成了现代城市土地的功能区。如在西方工业化过程中，城市中不同部门用地与不同阶层形成的居住分隔构成诸如同心圆、扇形以及多核心的空间结构形式。

小城镇的早期发展较少受到国家政权的影响，大多依据自身条件逐步形成：或是自然环境较好，促使人口集中；或是居于一定地域范围的地理中心，便于形成区域性交易中心。因此，它们更多地接受以自然经济为特征的农村经济的影响，主要的生产单位是家庭式手工业作坊，商业、贸易等也以分散、小型化、缺乏分工为特征，在空间形态上体现出功能混杂的特点，各种形态要素乡村性较强；工业化开始以后，城市经济的辐射使其作为乡村地域中心的作用进一步加强，同时成为联系大中城市与乡村的桥梁。其经济活动开始出现一定程度的专业化、集约化和组织化，形态要素上产生了新的特征，乡村性逐渐消失，出现了与城市形态要素趋同的趋势。

3. 城乡联系

城镇型聚居环境的产生是人居环境的一次分化，城镇本身具有不同于乡村的形态特征。但是，形态的差异并不能掩盖城镇与乡村之间既已存在的千丝万缕的联系，这种联系构成了城乡物质形态演化的动态因子。因此，城乡联系应当成为我们考察乡村聚居形态演化的重要内容。

（1）工业化前的早期分化

城镇和乡村在早期即表现出功能分化，但相互依存性较强，并以前者对后者的依赖性为主，相互间的关系表现在以下几个方面。

①经济联系。城市发展以农业发展为基础。在工业化之前，农村自然经济占据主导地位，从事农业生产的居民自己从事农产品加工，手工业与农业紧密相连。因此，尽管城镇是市场贸易和手工艺品的交易流通中心，但它们的大部分贸易对象是农民生产的农产品和手工艺品，城镇在经济上完全依赖乡村的经济活动，乡村经济是整个社会经济活动的中心。

②政治联系。古代城市作为统治中心兼有政治与经济职能，但由于此时的城市消费性大于生产性，其经济职能主要是满足城市自我消费和自我服务，因而经济意义严重不足。一般的小城镇虽以经济职能为主，但是主要服务于乡村。为了维持国家的存在，统治者唯有通过政治手段建立不同等级的城镇层层深入到广大的乡村，行使税收和管理职能。

③产业分化。传统农业时期，城乡社会分工非常落后。城乡差别并不与产业分化产生必然联系。

首先，城乡之间没有明确分工，城市中亦有农业生产者居住。城市中的务农者分得近城的农田，居住在城内靠近城门之处，便于每日出城耕作。另外，城市中一般也会留有一定数量的农田，部分耕者在城中耕作，增强了城市的自给和防御功能。

其次，手工业与农业分化而不分离。在早期的农业社会中，农业生产过剩，从而使得有些手工业从农业中分离出来。但是，在此期间，大多数手工业仍在生产领域与农业融合在一起。在农业社会的中后期，手工业进一步分为两种：一种是家庭手工业，另一种是工场手工业。家庭手工业是家庭农业的补充。尽管工场手工业可以独立存在，但它也基于可持续的农业剩余。在整个农业阶段，由于手工业和农业之间的紧密联系，两者之间没有形成真正的空间隔离。

因此，城乡之间比较而言，地位差异大于产业差异。

④社会生活的同构特征。乡村是大多数人的集居之所。城乡之间产业构成的相似性决定了城镇生活是乡村生活的延伸和变异，城镇中的消费生活只为少数具有特殊地位的人所拥有，而对于大多数平民来说，城乡生活具有相似性，人际关系、交往模式、价值取向、生活习惯在城乡之间具有同构特征。生活的同构无疑在某种程度上稳定着乡村的封闭格局，城乡联系维持在产品单向供给的经济层面。

（2）工业化阶段的明显分离

工业化促使城镇功能产生巨大变革，从而彻底改变了数千年来的城乡关系。城镇与乡村成为两种完全不同的聚居形态。

①城镇占据主导地位。现代城镇的生产职能空前加强，城镇在财富创造、经济管理以及规模结构上都处于主导地位，人类集居的重心从乡村转向城镇。

城镇不再以政治统治作为集聚的主要主题，其日益强大的经济功能将现代城市与依赖农业生产的传统城市区分开来。在获得经济独立性的同时，城镇也获得了发展，在经济、政治等社会生活方面占据了支配的地位，最终取代村庄成为社会经济生活的中心。城镇不再是某些人的消费场所，而是逐渐成为人类住区的主要形式。到 19 世纪末，城镇人口比重已接近或超过一半。而且，随着交通技术的发展，现代城市的规模大大超过了传统农业城市。

②产业分离。工业化使产业在结构和空间上都开始明显分离。机器大工业以

较乡村手工业高得多的劳动生产率取代了很大一部分以往在乡村进行的经济活动，乡村手工业逐渐衰落，工业与农业分离时向城镇集中，乡村自然经济逐渐瓦解。城乡社会分工扩大，形成“城市工业、乡村农业”的新的分工格局。

③社会生活差异。城市化的过程并不仅仅局限于产业的空间转换，同时发生的还有社会生活方式的变迁。工业社会快捷高效的运作方式将农业社会以家庭为单位的稳固、封闭的传统生活方式打破，形成专业化、社会化的现代生活方式。

随着城镇人口的集聚，原先集中在家庭内部的各种居住生活活动逐渐分离出来，第三产业作为新兴的产业开始出现，如购物、娱乐、教育、医疗、养老等逐步成为社会化的服务行业。专业化和社会化使原有生活活动在空间上由高度统一和融合转向分离和独立。

④城乡联系范围扩大。城镇快速发展使城乡两种聚居环境分化速度加快，不仅表现在以上的产业分离、社会生活差异上，而且表现在就业机会、生活质量的差异上，且差异在加大。随着差别程度的增强，城乡联系的范围进一步扩大。

首先，城乡人口流动日趋频繁。农业社会安土重迁的观念被摒弃，交通设施的完善推动了乡村人口向城镇流动。其次，城乡贸易日趋扩大。在产品流向城镇的同时，工业产品流向乡村，城乡之间由单向供给发展为双向对流。

弗里德曼（J. Friedmann）利用核心－边缘理论，解释这一过程为城镇经济、文化、权力关系与集居形式的运动过程，城镇作为创新中心，通过扩散（diffusion）、控制（control）、移民（migration）和投资（investment）四种形式作用于外围乡村，带动其经济、文化、权力关系和集居形式相应发展。

需要指出的是，城镇的中心作用虽然被予以强调，但是这种强调并不意味着对乡村基础的忽视。事实上，工业和农业之间的依存关系始终存在，只是通过市场化的商品交换被赋予了新的形式。

（二）传统乡村聚落形态演化的社会过程

从表面上看，组成聚落形态的空间要素的演化有其规律，但就其实质而言，它是一种复杂的人类政治、经济、社会、文化活动在历史发展过程中交织作用的物化，是在特定的建设环境条件下，人类各种活动和自然因素相互作用的综合反映，是技术能力与功能要求在空间上的具体表现。

因此，仅仅停留在空间物质要素形式上的探讨则无法认识聚落形态演化的真实规律。尽管前文所述聚落形态演化的空间过程已经涉及社会要素的部分内容，但是我们还有必要对社会过程及其所表现出的构成聚落形态演化的深层结构进行全面的揭示。

1.社会文化结构

（1）社会组织结构

聚落空间的形成和发展是社会生活的需要和体现。同样，空间关系和社会关系也密切相关，社会组织的完整性和共享是空间互动和共享的根本原因。在我国农村，历经数千年的宗法制形成了一个严格基于亲属关系的家庭和氏族关系网络，该网络构成了聚居的基本单位。但工业化、城市化和商品经济的发展引起了社会关系的重大变化，地缘关系等逐渐取代了血缘关系，人们基于相互了解、对社交距离的感知以及相似的个人经历建立了新的社会关系，形成了新的社会群体。

（2）文化观念

聚落形态表述着人们所选择的存在方式，而文化则可以被视为在更大范围内承接和约定这种存在方式的平台。文化是综合而又抽象的，它存在于政治、经济、生活等各个领域，表现于制度、规范、行为等不同的层面，并且通过教育和模仿代代相传。从文化的基本功能入手剥离与文化本质非直接关联的认识，从而将文化概括为以下特质：

①文化在聚居群体内部或聚居群体与自然环境之间表现为一种生存性的约制功能；

②文化在时间上强调一种基本的稳定存在，同时亦具有可变性；

③文化在规则上强调群体的共约性特征；

④文化是被诸个个体内化、生态化了的价值观念。

社会学家托马斯非常强调价值、观念等文化要素的作用，他认为“价值”作为社会生活的客观文化要素，与作为社会组织成员的主观品质的“态度”是互动的，同时，作为社会过程始终包含的心理变量，价值观念一直影响着客观因素的效果。人文地理学家拉普卜特也在《宅形与文化》一书中用大量例证阐述了文化、价值与制度的差异对不同的聚落空间形式所具有的决定性作用。

聚居群体的文化传统往往对聚落空间的组织与发展产生深刻的影响，并在此基础上形成聚落空间的文化特色。空间的文化特色主要表现为：一方面其空间物质形态积淀和延续了历史的文化；另一方面它又随居民整体观念和社会文化的变迁而发展。空间特色形成后又反过来影响生活在其中的居民的行为方式和文化价值观念。

遗憾的是，人们过去的文化观念过分强调其物质性、表现性的一面，而忽视了对文化演进脉络的规律性研究，因而造成文化简单化、主观化和符号化等现象普遍存在，并在相当程度上改变了文化传统的固有内涵。我们有必要重新审视这一重要的社会资源，调动其巨大而深厚的存量，求得社会经济的健康协调发展。

2.经济技术结构

（1）经济状况

经济的发展意味着生产力和生产关系的共同发展，它的具体内容涉及生产方式、经济制度、产业结构、经济流通等诸多方面，无一不对乡村聚落空间形态产生影响。经济因素强大以后，商业逐渐成为空间组织的基本原则，表现为严格的等级秩序和管理手段逐渐瓦解，乡村发展的动力逐渐转向以经济因素为主。

国外学者施坚雅在对中国封建社会晚期城市的研究中，发现中国乡村的集镇分布与“中心地理论”所描述的模型十分相似。这种形式的出现，除了交通条件和行政管理之外，这一时期商业贸易的兴盛是主要原因。

（2）技术水平

技术的进步是社会发展最根本的动因。运输技术、通信技术等直接影响城市的空间形态；建材和施工技术直接影响定居空间的规模、结构、界面和组成。生产和社会生活领域的技术变化对人类的生产和生活方式产生间接影响。新技术的推广和应用以及人们使用新技术的态度和能力从根本上定义了人类活动的上限。人类面临的农业技术和工业革命以及对信息技术的讨论是当今社会生活各个方面发生深刻变化的原动力。作为一个有重要作用的因素，技术开发是一个内在的、渐进的过程。在大多数情况下，技术的发展相对缓慢，只有当新物质或新设备开辟了以往不能达到的境界时，技术才会向前发展。

3. 政治政策结构

（1）政治制度

所谓制度，是一种办事规程与行为准则。特定的制度提供一个特定的框架，规定着人们的选择集合，构成人们的行为制约，同时决定了个人和社会的机会。有效的制度安排通过恰当的激励机制激发人的潜能，从而促进资源的最佳配置和使用，尤其是土地分配制度和管理制度。而土地的利用方式、所有制形式是影响乡村聚落形态的主要因素。

以中国为例，古代统治者以土地分配制度作为调整和建立乡村居民点的基本方式，鼓励乡村聚落形成一定的规模，如《礼记・王制》记载："凡居民，量地以制邑，度地以居民，地邑民居，必参相得也。无旷土，无游民，食节事时，民咸安其居"[1]。其中比较著名的是早期的井田制，《周礼》中详细记载了井田制的形式，从"九夫一并"的制度中可以看出当时的乡村聚居形式（图 3-5）。到战国末期，井田制被封建的土地私有制取代，新的制度结构再次调动了生产者的积极性，社会经济得到快速发展，传统农业技术体系初步形成，进而为聚居形式的变革奠定了坚实的基础。

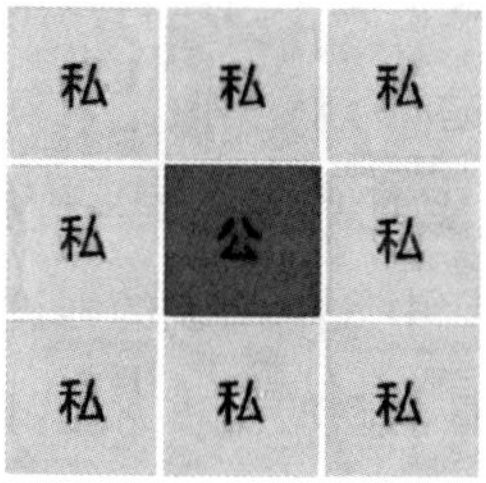

图 3-5　井田制

（2）政策法规

政策法规主要指影响乡村发展的宏观政策和规划设计的建设法规，毫无疑问，它们直接关系到聚落空间的发展态势。宏观政策是政府干预的一种手段，用于指导乡村发展的方向。例如，城乡关系、城市化发展的水平及方向、某一段时间内

1　李修生，朱安群 . 四书五经辞典 [M]. 北京：中国文联出版公司，1998.

的建设重点等，都会对乡村当时甚至以后的发展起到结构性的影响。建设法规是影响空间形式形成的最直接因素。中国历史上围绕营造活动都有一系列相关的法规制度，如“周法”“秦制”“营造法式”“工程作法”等都是我国传统的建设法规。不同的时代、不同的国家、不同的地区有不同的建设法规，它们在营建活动中持久地发挥着作用。

4. 自然环境结构

大自然是人们生活和工作的场所，人类的社会、经济和政治等活动都是与自然环境相结合产生和发展的。聚落的形态涵盖了人类适应和自然转化的整个过程，其空间特征直接受地形、气候、水文和资源等自然因素影响。除了物质形态与自然环境的衔接与融合之外，聚落形态的每一项内容都是与自然进行能量交换的过程，不同的聚落形态发展阶段对应着不同的环境关系。

早期的居住活动处于自然生态制约下的“乞求”阶段。由于生产力水平低下，人类奴隶般地服从于自然的力量，任由自然摆布，形成了顺应自然的能源和资源结构以及相应的社会经济结构。人类生产和生活中使用的能源主要是生物能源，如源于植物的热能，源于畜力的机械能；使用的资源主要是气候资源、土地资源和生物资源。早期的人类居民点也大多因应自然地理环境构建而成。进入传统农业阶段，农业技术的改进自然提高了人类改造自然的能力，但是总体说来，人类需求与自然环境之间仍能维持大致的均衡，人与自然和谐相处。

与农业社会相比，工业社会中人类活动的强度空前提高。科技的进步极大地提高了人类对自然的干预能力，而新的技术、经济、社会和文化互动迅速塑造了新的协调和适应性系统架构。经济的迅速发展导致能源消耗大量增加，同时改变了传统的能源结构。能源消耗中的大部分能源来自不可再生资源，如煤炭、石油和天然气。从居住活动来看，越来越多的人居住在超大规模的人工营建的环境中，以巨大的能源消耗为基础，形成高消费的生活方式，尤其是对住房、燃料、照明、水、交通和通信服务的消费，作为生活水平提高的标志。这一时期，资源的过度开发导致人与自然的矛盾不断激化，人类处于技术生态控制下的“主宰”阶段。

随着工业化的发展，生活环境日益恶化、人口增长、土地资源匮乏和环境污染等一系列社会问题对人类的生存和发展构成了威胁，成为全球性的问题。人类需要重新考虑对自然环境的态度，并全面反思其社会和经济行为以及发展历程。人类开始步入环境意识觉醒的“回归”阶段。

综上所述，以任何单一因素孤立地解释聚居形态发展，尤其是长时段演变的动因，很可能失之片面。如果说人类无限的物质与精神需求是社会经济发展的基本动力，那么自然环境、经济技术、制度与文化传统等因素就是决定不同发展模式及其潜力的条件与约束——一部中国乡村的发展史，就是上述的这四种因素交替作用的历史：我们的祖先在黄河流域特定的自然环境中创造了最初的耕种技术，开始了农业生产活动，产生了农业时代的经济体系。围绕着这个经济体系，村落生活和农业社会体系逐步形成，由于村落与村落之间的纠纷越来越多，围绕社会体系便产生了政治制度体系，就是由谁来管，谁来决定事情对不对。然后围绕制度体系，最后才会产生农民的文化体系，就有了宗教、伦理、道德规范，从而形成了完整的农业文明。可以说，在自然环境基础上发展起来的经济体系、制度体系与文化体系的共同作用下，农业、农村与农民构成了整个农业文明三种不同的要素。

实际上，自然、技术、制度和文化本身不仅是农村变革的重要条件，而且它们之间也构成了复杂的关系。例如，就自然资源和技术来说，因为自然资源是有限的，所以技术发展的方向就要受到资源供给的影响。在像中国这样的农业大国中，历史上凡是能提高农业产量的技术很容易就成为推广使用的重点对象。同样，自然资源对制度的形成和发展也起着重要作用，人多地少的国情正是中国数千年农村经济的决定性致因；制度变革也与技术变革息息相关，因为不平等和生产冲突的关系往往是制度变革的主要驱动力，所以引发了技术创新，有效的制度安排进一步加快了技术创新的步伐，最后，无论技术创新还是制度创新都会有其文化效应，作为知识积累的载体的文化及其发展为制度创新提供了丰厚的人文资源，因而有效降低了社会变革的代价。

由此可见，聚落形态的演化作为一种社会过程，其各种影响因素的构成、相互关系、作用机制是十分复杂的，片面强调某些作用的单一因素决定论，如生态决定论、技术决定论和文化决定论等“还原论”都是对这一过程的曲解。但若平等对待，认为没有哪一个因素比其他更为基本，则是另一种静止的观点。根据辩证唯物主义的观点，从历史过程的角度考察，我们可以认识到在一定的历史阶段，在特定的区域存在一种或几种主导因素，主导因素的变化对整体结构产生影响并促成其他因素的变革；主导因素也是交替演化的，在平衡结构的破坏与重构中，使社会或空间过程达到分化与整合的统一。

三、传统乡村聚落形态的内涵

（一）聚落形态的构成要素

"形态"一词意指事物存在的样貌，或在一定条件下的表现形式。"形态"是可以把握的，是可以感知的，或者是可以理解的。聚落形态不仅在空间上具有多层次的特征，而且包含多重内涵，即在物质空间的表层现象中，蕴含着行为方式、制度政策及社会文化观念的影响因素。因此，聚居生活方式、聚落空间特征与社会结构特征构成了聚落形态的三个主要方面。

聚居生活方式与聚落空间特征构成聚落形态显性的两翼：聚居生活方式以人为主体，关注一定时期内人们的行为活动方式（包括生产、生活方式）；聚落空间特征专指可见的物质形态的表现形式（包括聚落的分布形态、外部形态、内部形态以及建筑形态）。而社会结构特征隐含于两者之间，是人类聚居活动形成和发展的秩序和组织形式（包括社会、经济、技术、文化等关联与结构）。聚居生活的空间场所和载体是物质空间，其是由某种聚居生活结合一定的社会、经济和技术等条件而形成的，是一种聚居生活的空间表达形式。同时，特定的空间形式已成为一种新的组织方式，并且在一定程度上影响了聚居生活。三者间相互融合形成的有机整体构成聚落形态的丰富内涵。

（二）聚落形态的整体结构

结构是种种转换规律组成的体系，并且是可以形式化的。结构具有整体性、转换性和自身调节性三种特性。结构强调事物之间的联系，提供认识事物本身的一种方法。乡村聚落形态的结构可被理解为乡村聚落内在的具有相对稳定性而又包含变化的整体关系。

城乡联系是其中的一种类型。城乡之间总是在不断地进行着物质、能量、人员、信息的交换，这种交换将空间上彼此分离的城镇和乡村结合为具有一定结构和功能的有机整体。此外，城镇或乡村内部也存在多层次互动的结构，具体可分为物质设施、土地使用、城乡交通等构成的空间形体的显性结构和社会、经济、文化、环境等构成的内在的隐性结构。

伴随着乡村社会经济的发展，许多原本属于乡村内部的联系内容日益扩大到更大的区域范围，使一定区域内城镇、乡村居民点及自然景观具有整体性。卢德耐里（Rondinelli）把能引起空间结构这种变化的联系分为七种类型：

①物质联系（公路铁路网、水网、生态联系）；

②经济联系（市场形制、行业结构及资金、原料产品、消费和收入流动）；

③人口移动联系（移民、通勤）；

④技术联系（技术依赖、通信系统、灌溉系统）；

⑤社会作用联系（访问、仪式、宗教行为、社会团体作用）；

⑥服务联系（能量、信息、金融、教育、医疗、商业、交通等服务形式）；

⑦政治组织联系（权力、管理体制、行政区间交易与非正式联系）。

乡村内部实际存在的丰富的规律性联系，使聚落形态各要素形成生动的整体。如果把乡村聚落形态作为整体的结构，它应是富含变化的、连续的过程。

（三）聚落形态的空间层次

聚落空间的层次一般是按地理尺度划分的，从一个人、房屋、邻里、街区、城市、区域、国土以至跨越国界。道萨迪亚斯等创建的人聚环境学（Ekistics）把这一过程划分为 15 个层次，每一个层次都对应于自然、人、社会、居所、网络，共同构成聚落空间的整体模型。

在实际的规划工作过程中，这些层次往往被分解开来，相应于建筑设计、住区规划、村镇规划、城市规划、区域规划及国土规划。在我国的村镇规划中，以城镇等级规模、职能类型、地域空间结构以及乡村间联系与城镇网络为主要内容。

这样，乡村与城镇便被划分为两个不同的层次。乡村研究是把乡村村落作为不同用地性质及各种结构关系组成的“面”，城镇的研究则把镇域内村落看作“点”形成一定的网络结构。在城乡联系较弱的地区，这种分层是有效的，而在城乡联系紧密的江南地区，这种分层已显示出对城乡整体认识的妨碍。

以上从要素、结构、层次三个方面对乡村聚落形态作出了分析，使我们认识到其整体性的内涵，聚落形态的演化既是一个空间过程，又是一个社会过程。从发展的角度看，空间过程具有较强的连续性，而社会过程则有较强的变革性，表现为分化与整合的统一。聚落形态的演化既离不开空间过程的历史基础，也受到社会因素变革的影响，两种因素交织成一个完整的演化过程。

第四章　传统乡村聚落的空间组织

一、传统乡村聚落的类型

传统村镇的聚落形态主要是指两个方面：一是指村镇在总平面图上的形状；二是指村镇的建筑形式与布局、街道以及对外交通等方面的特点。不同地域、不同环境、不同时代的村镇形态有着明显的差别。从一定意义上说，村镇的聚落形态是村镇所在地的地理环境、村镇形成时代以及当地社会历史和文化背景的反映。

从全国范围看，村落的区位分布受气候、资源和地貌等自然因素的影响很大。村落大多分布在江河流域的平原、河谷和丘陵，其次是草原和山地。村落多为“自由式”的布置方式，可谓“一去二三里，沿途四五家。店铺七八座，遍地是人家”。

村镇的聚落形态主要有三种基本类型：带形村镇、团块型村镇和散列型村镇。

（一）带形村镇

带形村镇的用地呈线状展开。这种布局大多是因为地形的限制，沿水陆运输线延伸，河道和主街成为村镇延展的依据和边界，贯穿始终。在黄土高原，村镇往往沿冲沟和山谷边缘而建；在水网地区，村镇大多沿河岸修建；在西南多山地区，河岸陡峭，可供建设用地少，村镇沿河流岸边一字延伸。例如，皖南的渔梁镇临富春江而呈带形布局，居民区沿与江岸平行的主街发展。四川广安肖溪，亦是沿渠江岸边带形发展（图 4-1）。

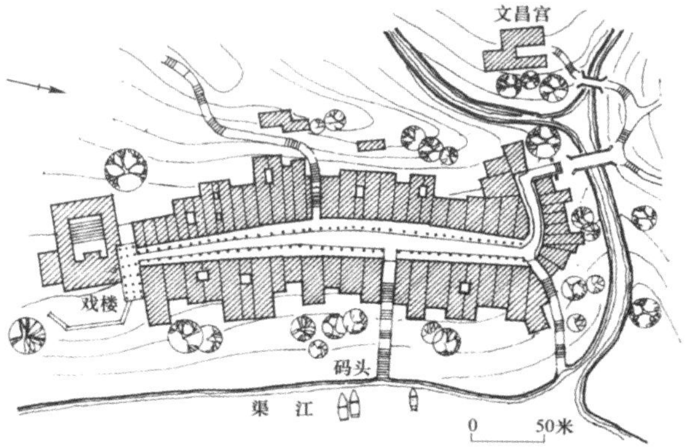

图 4-1　带形村镇

（二）团块型村镇

团块型村镇大多由带形结构发展而来，是大型传统村镇的典型格局。村镇的用地比较宽松，呈长方形、扇形、圆形、多边形等团块式布局，以纵横的街巷为基本骨架。街巷平直且大多以直角相交，主次分明，承担主要交通。村镇内部有一个或几个点状中心，如戏台、集市、广场、水塘等，整个村镇围绕中心层层展开构建而成。云南丽江古城四方街便是一例（图 4-2）。

图 4-2　云南丽江古城四方街

（三）散列型村镇

散列型村镇在丘陵地和山区分布较多。围绕农田或山丘的数个分散组团构成一个村落，用地范围不规则，街巷和道路系统不明显，中心不明确，多数属于多姓混居发展而成的居民点或少数民族村寨。例如，在广东沿海低洼地区，台风频繁，地面积水不退，因此乡村多取环丘式布局，以小山丘为中心，沿丘坡四面环布，以免水淹。

二、传统乡村聚落的空间构成

依据凯文·林奇的城市认知理论，将乡村聚落依照构成要素划分成不同的组成部分进行分析研究。进而研究空间的三种特征：中心—场所，方向—路径，区域—领域。通过分析湖南省水车镇典型村落的建筑、标志、场所、边界、道路五个方面构成，总结乡村聚落在运用边界、节点、中心、结构（道路、街巷、水街）、要素（强调整体与部分的关系）的形成方式与方法。村落结构组成元素依据重要性依次为建筑、标志、场所、边界、道路。

（一）建筑

建筑是聚落的基本元素，是空间形成的载体。例如，湖南省娄底市新化县水车镇的正龙村、楼下村、锡溪村的聚落建筑均顺应自然坡度，屋面随着地势延伸。沿一条垂直于等高线的小路建房形成村落，小路或砌就或人工凿就，两旁的建筑与其相适应呈台阶式布置，前面不遮挡后面视线，阳光充足，视线开阔，建筑密度较高。若用地允许，还可以扩展为几条垂直于等高线的小巷与平行于等高线的街巷相连而成的较大组团，屋顶呈平行高差排列。每个建筑单元基本是顺山而就的木楼，通常为两层，外墙为木板，顶部壁墙竹编抹白灰，一些房子上雕龙饰凤，古色古香，素墙青瓦别具风韵。传统聚落中的住宅单体多为干栏式二层三开间，由火塘、堂屋与卧室组成的生活起居空间（以堂屋为中心，其他房间围绕着中心的堂屋形成简单的“向心式”的空间模式），底部架空层、晒排与粮仓、厨房等生活辅助空间和楼梯通廊等交通辅助空间构成（图 4-3）。

图 4-3　正龙村建筑

（二）标志

乡村聚落空间的标志是聚落空间体系的“中心”，应当具有以下两个特性：其一，共同性，是指在各种活动过程中与体系内的全部或大多数社会成员发生联系；其二，唯一性或少数性，是指在物质形态上一个空间体系中仅有一个或少数几个。共同性是“中心”的社会属性，唯一性是“中心”的物质属性，两者必备才能成为一个空间体系的中心。需要说明的是，“唯一性”是对于不同社会活动分别而言的，因此一个空间体系中可以有视觉的中心、行为活动的中心、精神心理的中心和权力统治的中心等。其中，视觉中心就是可以被大多数人看到的物质存在，并能够成为标志或定向的参考物。例如，城步县大寨村的侗寨钟鼓楼，是侗族进行重大节庆活动或集中议事的场所，历史非常悠久（图 4-4）。

图 4-4　大寨村钟鼓楼

（三）场所

场所是特定的人或事所占有的环境的特定部分，是特定建筑物或公共空间活动处所。乡村聚落空间研究的场所元素是人在使用环境和营造住所的过程中形成的、由物质环境和人以及人的各种活动所共同构成的总体。所以，可以从物质环境和人的社交精神层面两个方面来分析传统村镇聚落的场所。在乡村聚落中，场所精神集中体现在公共社交空间，如村民聊天场所、村民婚庆场所、村民行政场所等。在不同的使用状态下，即便是同一个物质环境，聚落场所的内涵也会不同。

（四）边界

村落的边界，主要功能是划分出一个区域，或者说一个区域不论是在心理认知上还是在功能运作中，都有一个范围的限定，这个限定就是边界。边界是一种线性元素。它们是两个片段之间的界线，是连续体上的线性裂纹。边界可以是将一个地区与另一个地区相隔的，具有一定可渗透性的屏障，也可以是两个地区互相联系、互相结合的接缝线。边界元素也许不具备道路那样的主导地位，但在乡村聚落空间构成的研究中，边界是组织过程中，尤其是把缺乏个性的地区归拢到一起时，非常重要的特色元素。

（五）道路

对乡村聚落道路的定义相对清晰，不论物质形式或心理分析如何，道路可以满足交通需求的功能，并且是构成乡村聚落形态的基本框架结构。道路元素的研究基于空间组织理论。空间组织理论特别是指利用空间句法理论对乡村解决方案空间进行规模化和空间化，并分析其复杂的关系。使用空间句法分析的本质是对路径结构的描述，并将其与社会因素进行比较以得出相关结论。空间结构理论创建了用于分析解决方案道路结构的主要逻辑系统。空间句法中提到的空间不仅是欧氏几何所描述的可用数学方法量测的对象，而且描述了空间之间的拓扑、几何以及实际距离等关系。它不仅着重于局部空间的可及性，而且强调总体空间的重要性。也就是说，无论如何分析解决方案空间的组成，各元素都是相互关联的，并且元素之间的组合动作可以形成一个完整的解决方案空间。

三、传统乡村聚落的空间演化过程

传统村镇聚落形态的发展是历史的、动态的，都有一个定居、改造、发展的过程。

（一）自然扩张型的村镇演化

乡村生活中的血缘和地缘关系决定了乡村聚落内向型的特点，还有住宅的形制有它的一套规范，住宅的组合也受到功能机制的限制，因此村落的集体组合在整体上就会有一种潜在的结构和秩序。通过地域原型，村落制定了符合自身条件的发展方向和基本秩序。地域原型的存在让村落形态即便没有专业人员参与建设，也表现出一种来自自身的秩序与和谐。村落中很多住宅在大体上是一致的，这也是村民之间互相模仿的结果。乡村聚落的整体形态是在很长时间内在聚落总社会组织的影响下慢慢形成的。

村镇的最初形态多是分散的散列型住宅，这些散列型单元慢慢以河流或道路为骨架聚集，成为带形聚落（图 4-5），带形聚落发展到一定程度则会垂直长向道路在短向开辟新的道路，形成十字街道，进而发展为井干形（图 4-6）或日字形道路骨架，进一步发展为团块型村镇（图 4-7）。

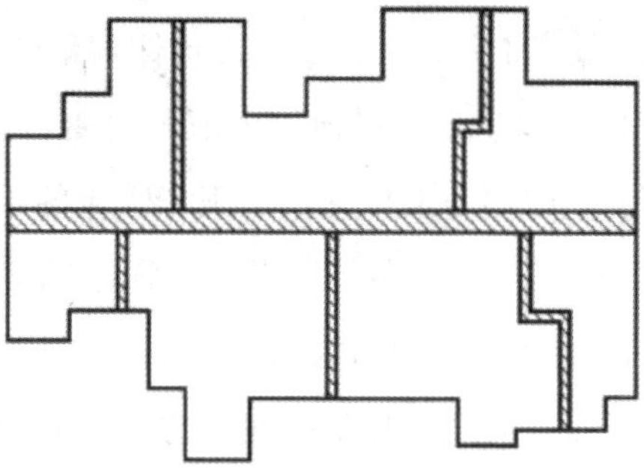

图 4-5　带形聚落

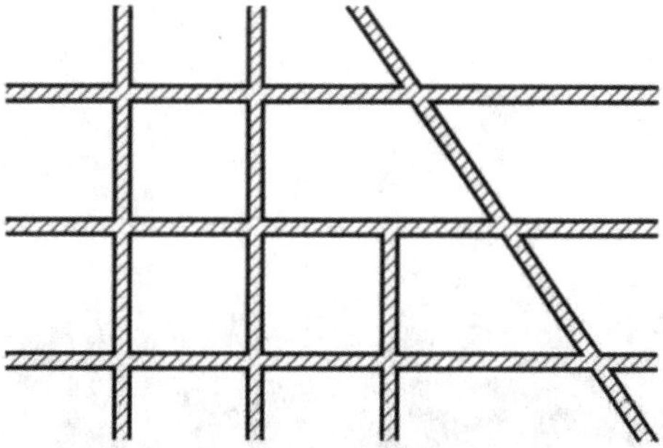

图 4-6　井干形结构

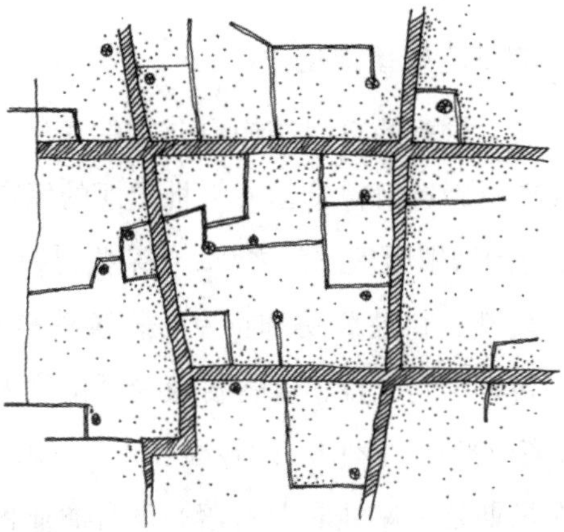

图 4-7　团块形结构

这种自然扩张大多是伴随着村落人口规模的扩大而发生的。福建省南靖县石桥村从两幢圆楼开始，经过二十几代的开发，形成四片集中的住宅区。

浙江建德的新叶村是中国东南部最典型的农耕村落，由于村子以村后的玉华山为主山，所以新叶村子系被称为玉华叶氏。玉华叶氏的始迁祖是叶坤，历经宋、元、明、清、民国至今，已经有 800 多年的历史。奠定新叶村总体格局和建筑秩序的是叶坤之孙叶克诚，他用一生的时间为新叶村奠定了基本的村落格局，并修建了西山祠堂作为叶氏的祖庙，有序堂作为宗祠。之后，叶氏族人便围绕“有序堂”这一中心修建房屋，新叶村的雏形逐渐形成。明成化到万历年间，在宗族文人叶天祥的主持下新叶村进行了进一步建设，在村子的水口建造了文峰塔，重建了有序堂，加建了封火墙（图 4-8）。

图 4-8　浙江建德新叶村远眺

（二）社会经济影响下的村镇演化

随着经济社会的发展，村落的空间结构也会发生变化。某些村镇因交通因素而经历了兴衰变迁，如京杭大运河曾带动一大批沿河的城市及市镇的发展，但是自津浦铁路建设后，沿河的城镇则呈败落之势。[1] 某些村镇因为仕进人家日多，村落性质会向耕读型村落转化，修建牌坊和祠堂等；某些村镇根据水系改造需要，修整水道，开挖池塘，兴修水利工程；某些村镇受经济发展影响，从农业型村落转向商业型村落，出现商业街和村落中心的转移等，皆反映出历史变化的影响。

浙江兰溪诸葛村在早期是一座纯农业村落，没有商业街道和商业中心。住宅

1　孙大章 . 中国民居研究 [M]. 北京：中国建筑工业出版社，2004.

以各个房派宗祠或“祖屋”为核心形成团块，这些团块再组成整个村落。其中又以全宗族的大宗祠作为整个村落最重要的礼制中心。但是，随着村落商业的发展，诸葛村在清代初年形成了商业街道和商业中心，其影响力和重要性逐渐超过了礼制中心。商业中心的空间很宽阔，而作为最高礼制中心的丞相祠堂却因道路改变而处于偏僻的位置，门前空间狭小，反映出经济社会变化对村落布局结构的深刻影响。

江西乐安县流坑村本是农业型村落。宋代以来，人们因读书而做官，做了官又刺激族人读书，形成了流坑村几百年的文化传统，也积累了财富，进而通过竹木业和漕运等商业活动促进了流坑村的大发展。商人财富的最大消费就是建造房屋，建设乡里。从明末嘉靖至清朝前期，流坑村进行了广泛的建设，进行了村落规划，对水系统进行了整治，修建了村墙、村落大门、书院和众多的宗祠，使得村落的规模得到了扩大，住宅的质量也有很大的提高。但是在清朝中期以后，该村逐渐衰落，主要有以下三个方面的原因：第一，太平天国的战争；第二，鸦片战争后整个江西省的经济中心移至长江下游，京汉、汉广铁路的建成使赣江不再是主要的南北运输线，流坑村失去了大环境的优势；第三，乌江下游的牛田镇依靠交通优势占据了区域中心市场的位置，这导致流坑村失去了其优越的小环境，村庄开始走向没落。

（三）演化过程中的同质同构与生长

每个民族、家族、部落都有各自固有的环境概念，传统村镇聚落的生成与演变反映了聚落营建者结合所处环境、利用特定的环境理念构筑人居环境的过程，传统聚落中人群的集聚方式呈现出同质的秩序化和区域化，因此在聚落形式上表现为民居营造的共同选择，从而使同质性在乡土聚落环境中得以强化。

聚落与基地环境之间性质与构成的一致性，包括聚落各组成部分自身的一致性以及聚落整体与环境的一致性。为了更好地使聚落整体与基地环境契合，必须相对地淡化聚落内部的差异。聚落对外的整体性是基于内部的同质与同构而体现出来的。

居民住房的形式在乡村和城镇不同个体的民居营建中不会被一成不变地复制，而是随着定居点的增加而不断调整。在住宅营建过程中，综合自然地形、水资源、植被等基础条件，并与各自地区的社会、经济、交通和人类环境相结合，通过“顺应”自然基础环境来形成适合聚落发展的独特模式。调整不是基于想象力的创新，而是基于对独特的自然和社会环境有充分的认识，在了解其历史和发展的基础上而作出的合理的、切合实际的规划。一方面，根据自然环境条件进行适应性建设，例如根据不同施工现场的环境，调整住宅建筑的基本模型，以适应地形和其他条件；另一方面，依据个体家庭生活行为的独特性和审美偏好，调整住宅建筑结构的基本模型以形成个体独特的身份，例如有着不同进数院落的民居和有着不同大门形象的民居。在此基础上，基于同质和同构的传统乡村聚落不断持续发展（图 4-9、图 4-10）。

图 4-9　浙江芹川村民居门（一）

图 4-10　浙江芹川村民居门（二）

四、传统乡村聚落的空间组织方式

传统村镇布局的空间形态受到诸多因素的影响。村镇的组织方式发挥了重要的作用，产生了宗法制度影响下的内向型团块格局、家族性集体住宅以及依地缘关系发展的杂姓村落格局等组织方式。

（一）宗法制度下的内向型团块格局

中国古代社会是一个典型的以血缘关系为纽带的宗族社会，人与人之间的一切关系都以血缘为基础。传统的乡村和城镇聚落都是一个宗族的人聚集在一起居住，因此血缘关系不可避免地成为维持人际关系的纽带。在封建社会的自然和经济条件下，村庄是一个独立的宗法共同体和一个自治单位。特别是自宋代理学倡导宗族制度以来，为了增强宗族内部的凝聚力，抵御自然灾害和抵抗社会压力，已形成了许多姓氏单一的血缘村庄，它们已成为基于血缘的空间组织。反映在村庄聚落的形态上，它通常是以宗祠为核心形成的节点式的公共活动枢纽。

宗族组织对乡村社会生活的各个方面进行管理，例如乡村地区的选择、规划和建设，以及道德教育、社会规范、环境保护和公共娱乐，并建立和维护秩序。为了实现“敬宗收族”的目标，他们通常会设立宗族田地，建造宗祠，编写家谱。同时，宗族中有族长领导，有一定的组织制度，因此大多数村庄都有计划，在族谱上也有整个村庄规划和概念意象的计划。在这样一个单一的社会组织的绝对控制下，乡村文化生活与村庄的建筑和规划系统非常紧密，并通过村庄的布局、分区、花园和公共设施等得到反映。其村落物质环境主要构成要素，如街巷、住宅、祠堂、庙宇、书院、文昌阁、廊桥、池坝、园林等的组织和安排也表现出一种条理清晰的有序性。

1. 组团型团块格局

传统乡村聚落形成初期，多为一村一族，族有族长，族长下有支、房长之设，每房之下有数量不等的小家庭，从而组成了以族长为核心，以祠堂为象征，以血缘关系相关联且等级森严的宗族组织。这种严格的宗族观念使整个宗族中的数个或数百个小家庭根据他们的血缘关系而属于不同的房系和支系，从而形成了农村聚落的内部结构。散落在村庄中的规模大小不同、层次不一的祠堂显示了一个宗族从迁移定居到发展成多个支派的过程以及这些支派的层次系统。除了大的宗室祠堂外，每个分支的支祠也是一个居民团体中心。聚落的住宅通常聚集在所属的祠堂周围，形成团块，然后以这些团块为单位形成整个村庄。村庄的边界和分布通常取决于宗族的势力。如皖南西递村，以规模最大的总祠（敬爱堂）为全村中心，下分九个支系，各据一片领地，每个支系都有一个支祠作为副中心，整个村落分区明显。

2. 轴线型团块格局——张谷英村

内向型团块格局的一个特例就是组团变成一条轴线贯通始终、院院相连的长屋，每一条长屋即为宗族的一个支系或支脉的居住组群，每条轴线上皆有祠堂或厅屋作为中心。而且各条长屋轴线相互垂直，以表明宗系与支系的从属关系。

湖南岳阳张谷英村始建于明洪武年间，为保存完整的江南民居古建筑群落，以其始迁祖张谷英命名。张谷英第八世孙张思南在世时大规模营建住宅，先后建成当大门、西头岸、东头岸、石大门、王家塅、上新屋、下新屋、潘家冲等数片。张谷英村几经沧桑，基本上保留了原状，比较完整的门庭有“上新屋”“当大门”“潘家冲”三栋，规格不等而又相连的每栋门庭都由过厅、会面堂屋、祖宗堂屋、后厅等“四进”及其与厢房、耳房等形成的三个天井组成。可以说，张谷英村整个建筑由无数个“井”字组成。厅堂里廊栉比，天井棋布，工整严谨，格局对称，形式、尺度和粉饰色调都趋于和谐统一。正是有了天井接天井，才形成了屋脊连屋脊的蜂窝般的古建筑群，从而让这 5 万多平方米的屋宇延绵衔接成一个整体，有如单家独院般的采光条件。

村中各幢住宅的轴线彼此垂直，可以分出主轴、次轴和亚次轴。各幢房屋之间有巷道，既为分割的界线，又是联系的通道。巷道也是张谷英村的一大特色，纵横交错，通达每个厅堂。古村里共有 60 多条巷道，最长的巷道有 153 米，居民们在此起居可以“天晴不曝晒，雨雪不湿鞋”，走遍整个村子可以不经过露天空间（图 4-11）。巷道有通风、防火、交通三大作用。

图 4-11　张谷英村

（二）家族性集体住宅构成的村落

作为家族性集体住宅的福建客家土楼早已闻名世界，是中国传统聚落中一种特别的类型。它是兼有聚族而居和防御作用的大型住宅形式，它的形成是历史、经济、文化、自然条件等多种因素综合作用的结果。

首先，满足家族共居的要求是最初建造方形和圆形集体住宅的目的。

作为汉民族的一个分支，客家人深受宗法制度的影响。他们在远距离迁移时遇到困难，并依靠家族的集体力量最终定居福建南部，因此家庭凝聚力非常强。要在交通相对封闭的新住区发展壮大，仍然依赖家庭的力量。因此，客家人采用集体家庭式的住宅来维持或增强家庭凝聚力。此外，土楼所在的大多数区域山峦起伏、地形多变、溪河蜿蜒，客家人在小片土地上从事农业经济，山地水稻种植已成为家庭发展的物质基础。在这种生产方式下，人们本能地依靠并尽最大努力维持家庭的团结与完整。个人和单一家庭的独立能力相对较弱。土楼由核心体和围合体组成，核心主体通常是一个礼制空间，如祠堂等。围合体用于居住生活，中心的祠堂与环绕周围用于居住的廊屋是社会道德和家庭秩序的象征。专为供奉祖先而建的祠堂位于中心，代表着至高无上和永恒，是家庭团结的核心。用于居住的住宅建在祠堂的周围，显示出对祖先的敬畏和崇拜。此外，土楼中的公共设施，如祖堂、书院、大厅、院落、露台、厨房、柴房、杂屋及畜栏等，占有重要的地位，表达出强烈的群体性和家族性的特征（图 4-12）。

图 4-12　南靖土楼

其次，土楼都有很强的防御性。闽南一带山高林密，为了防止民系之间和村落之间频繁发生的争斗，也为防盗匪、猛兽，家族性的集体住宅不得不具备很强的防御性。不论方楼还是圆楼，大都筑厚重的高墙，封闭内向，外部很少开窗，多为一个大门出入。门上大多采取严密的防御措施。

家族性集体住宅，无论方的还是圆的，全部采用标准间形式。按梁架分间，规格大小相同。它们环绕着一个内院，形成一圈。一般为四至五层，上下几层的四或五间分配给一户。底层作厨房，二层作谷仓，三层以上住人和作杂物间。这些房屋在组织方式上一般采用通廊式和单元式两种，且绝大部分是内通廊式。内通廊式即每一层沿内院设一圈公共走廊，沿走廊可绕院落一圈，每间房有门与走廊相通。全宅只有三四个公共楼梯，各户人家，从厨房上楼到卧室，也要走公共走廊绕过去。单元式是指每一户都独自拥有从底层到顶层的独立单元，有自己内部的小楼梯，左右均不与邻居房屋相通。

（三）依地缘关系发展的杂姓村落格局

除了有许多由一个宗族组成的村庄外，仍然有许多多个姓氏混合居住在一起的村庄。混合姓氏的村庄是由多个姓氏、没有血缘关系的家庭组成的村庄，村落中宗派性不是很突出，村中的领导者多由乡绅充当，聚落中多设社或庙宇等并以此为聚落公共中心。

山西省阳城县郭峪村是一个杂姓村落。虽然早在唐代就已建置，但郭峪村并没有成为郭姓的血缘村落，这和包括山西在内的华北一带长期的战乱和居住环境恶化有关。直到明代，山西省才获得了较为安定的环境，人口开始回流。郭峪村由于紧靠以冶铁为主的润城镇，又与交通枢纽北留镇毗邻，所以成为新移民涌入的首选之地。后来成为郭峪村大户的王、张、陈、窦、卢、马等姓人家都是明代迁入的。明代末年，以李自成为首的农民军在陕、晋、豫等地进行了长达几十年的战争。为躲避农民军的劫掠，众多散居的小户纷纷迁至大村附近，以加强整体的防御力量，这就形成了较大的杂姓村落。郭峪村便是其中之一。

郭峪人能够杂姓相处的一个重要原因是经商者相互提携的需要。山西有很多商人在国外，很难预测风险，因此，特别注意“乡亲”关系。对于一个商业帮派，地理意识远比血缘意识强，并且具有包容性。杂姓村庄的管理不取决于宗族首长，而是取决于里社。社是村里最低的行政机构，它由十几个人组成的“本班”管理。本班内人员称社首，领头的称老社。社首由所有成年男性村民选出，在清中叶以前，每年选举一次，后改为三年选举一次。社首通常由具有领导能力和经济实力的人担任。社具有一定的经济实力，拥有房产、地产和庙产。

第五章　传统乡村聚落的空间内涵

一、传统聚落空间的形成特征与结构体系

（一）传统聚落空间形成特征

1.地理分布

我国的传统聚落主要集中在人口密度大的中东部地区以及少数民族聚居的边境地区。它们的共同特征是：位置较为偏僻，经济相对落后，交通运输不够便利，信息交流闭塞。因为受到外界因素的影响较少，所以它们能够在一定的自然地理与人文历史环境中保留下来。

2.形态类型

我国的传统聚落多如繁星，按照不同的分类方式有不同的种类。其中有众多的交叉，无法用一种分类方式一概而论，本书从空间角度，从类型学上对传统聚落进行空间形态类型划分。根据宏观的空间关系，我国的传统聚落主要分为集合聚落和分散聚落两个大类。其中，集合聚落可以分为团状式、带状式和环状式等三大类型；分散聚落可以分为“一”字形、“非”字形等布局形式。这些空间形式多样的传统聚落一同构成了我国传统聚落丰富而宝贵的数据库资源。

3.形成特征

传统聚落的形成与发展往往离不开特定的地理环境与人文历史的共同作用，传统聚落的空间形态是自然地理与人文历史的外在表征。这都是受到我国传统尊重自然环境、信奉“天人合一”的理念的影响。

传统聚落的整体空间形态除了传统聚落本身之外，还应该将周围的山水形势、地理区位等其他要素囊括其中。在生产力不发达的农耕文明时期出现了传统聚落，那时人们敬畏自然、尊重自然，把人与自然和谐共处视为最高境地去追求。建筑从内在结构到外在形式，从建造过程到使用材料，都充满了自然的要素；传统聚落是人们聚居生产、生活的空间，具有社会的要素；传统聚落空间的生成是一个不间断的过程，文化在其间传承并且演变发展着，具有文化的要素。因此，传统聚落空间在自然要素、社会要素和文化要素的共同作用下形成和发展，各具特色。

这其中发挥作用的主要因素有六个方面：自然环境因素、农业因素、军事因素、商贸街道因素、宗族血缘和宗教信仰因素等。当然我国传统聚落单独受一种因素影响的情况比较少见，绝大多数是多种因素共同作用的结果。

总而言之，传统聚落空间的形成具有各自鲜明的个性，其中血缘性、聚居性、内敛性、封闭性、自给性等共同构成了传统聚落空间形成要素的内在表达。

（一）传统聚落空间结构体系研究

日本建筑师原广司在《世界聚落的教示 100》一书中指出：乡村聚落空间是核心式的，有很多“层”意识空间。传统聚落空间体系由不同构成层次中的基本空间元素构成。这些层次，不仅有以共时性为前提的构成关系，还有以历时性为基础的次序关系，我们将这些层次分为传统聚落的整体环境空间层次、空间结构层次、建筑空间层次。传统聚落空间要素之间的关系既有同一性的一面，又有差异性的一面，对差异性的研究有助于全面深入地了解空间的结构。

1.传统聚落空间结构体系

传统聚落空间是人们聚居在一起生产、生活的主要场所，空间结构是人们活动的环境体系、各种空间形态的内在机制和空间之间理性的组织方式。空间结构体系是人生活与活动体系的总和，是由自然生态空间、人工物质空间和精神与文化空间三部分系统组合成的有机统一整体。

（1）以自然生态为载体的绿色空间

自然生态是由山脉、河流、土地和其他因素组成的，而水、土地等是人类生存繁衍的根本。作为自然世界的一部分，人类与自然息息相关。中国自古以来就崇尚自然，“天人合一”的自然观表达了古人对于人和自然的相互关系的认识，强调人与自然世界的互动与和谐。选择和创造传统聚落的外部环境，秉承“天人合一”的思想，尊重自然的内在法则，充分适当地利用自然提供的资源，以创造美丽的绿色生态环境。具体的做法有以下几个方面：一是择宜居地，营建聚落；二是顺应自然，因地制宜；三是以自然山水美构建聚落景观。

（2）以人为主体的物质空间

居住环境中，人为物质空间是人们日常生活起居及生产劳作多项活动的主要空间。传统聚落环境突出“以人为本”的主旨，把土地、山川、河流、树木、光照等自然元素视为本源，以古人的行为、心理、社会活动及农村生产的需求为目标，以尊重自然、因地制宜、节约资源、就地取材等为原则，通过统一章法规划设计聚落的住宅、广场、巷道等空间，完成繁衍生息、繁育后代及实现本我的目标。

（3）以“人文”为核心的精神空间

人类之所以能够成为万物之长，并与其他动物区分开来，是因为人类拥有人文，有其他禽鸟百兽所没有的内在的精神文化。人文主义精神所展现的是人类追求哲学范畴内的自我存在价值。传统的聚落是古代人在山川之间定居并在阳光下进行生产和生活的场所。在寻求物质空间时，还密切关注精神空间的建设，并强调以文化氛围和道德情感来教育家人，就像许多寄情山水、隐居山野的文人一样。总体而言，它通过自然景观、田园人文和宗族血统建立了一个朴素、自然、淡雅的，既有丰富的自然趣味又有生活人文气息的居住场所。具体处理手法主要有以下几种：

①以自然山水之美造就聚落环境意象。传统聚落空间往往选址在景色秀丽的山水之间，描绘出一幅绿水青山、肥田沃野、男耕女织、人与自然和谐相处的美丽画卷。建村之人一般借助自然景观营造村景，以自然山水寄情伦理道德，以生态之美烘托人文情怀，形成以自然为主的空间环境。

②建立以宗祠为核心的精神空间。传统聚落的规划与布局中，多以“尊”“亲”等宗法理念，建立以祠堂为核心的祭祖礼拜活动空间，用祖宗崇拜的血缘教化来增强情感凝聚力；以同姓同宗几代人共同生活的合院住宅来组建家族共同的活动空间；以质朴的街坊、幽静的巷道空间建立家家户户联系的纽带；以风水树荫、村中水井、凉亭、广场等构建交往的空间来增进邻里乡亲的感情；以浓郁的乡土文化提升环境空间的文化品质；等等，以期达到人与人间和谐共处的家园精神。

③建立以“伦理”和“礼乐”文化为核心的精神空间。聚落空间中，常以歌功颂德的牌坊、碑亭等标志性纪念建筑构建聚落中的精神景观；采用匾额、对联及取材于历史传记、民间故事或有吉祥寓意的花、草、动物形象的石雕、木雕、砖雕等来表现人伦常理；以娱乐乡邻的戏台等一系列公共空间开展乡土文化活动，塑造了聚落环境朴实而强烈的精神感召力。

2. 传统聚落空间结构分析

本书从传统聚落空间研究层面来分析，将上述的空间结构进行重新构建。因为传统聚落的空间主要分为物质与文化两大部分，所以将空间结构从物质与文化两大层面加以重新组建，通过这两大层面对传统聚落要素作用进行分析研究，来找到深藏在传统聚落中的真正内涵（图 5-1、图 5-2）。

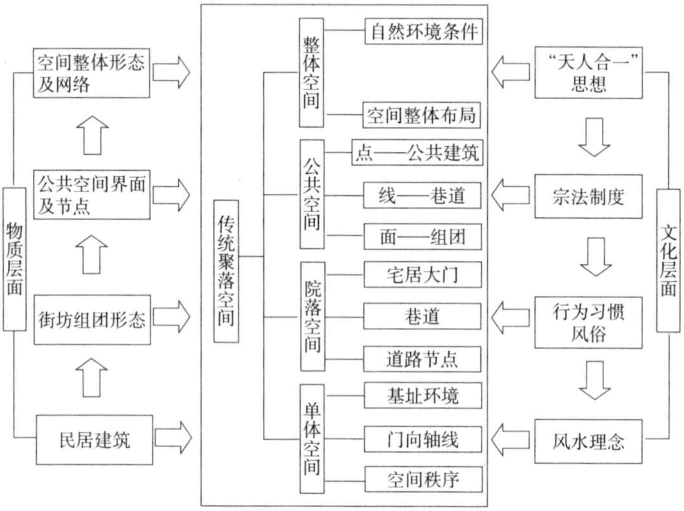

图 5-1　传统聚落空间结构

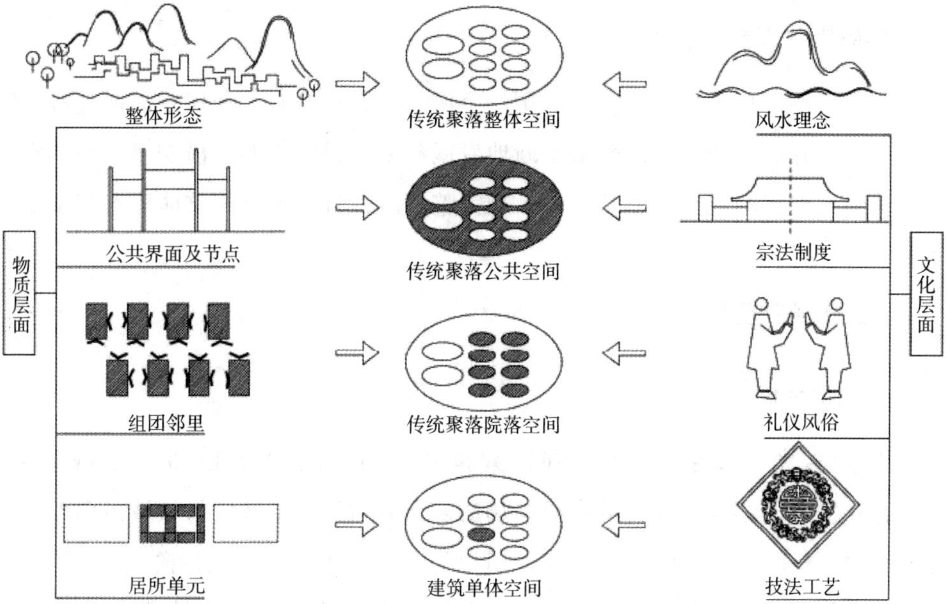

图 5-2　传统聚落空间结构图示

二、传统聚落空间物质内涵

通过对构成传统聚落空间不同层级的物质空间元素进行分析，找到能够解释传统聚落空间物质内涵的组成部分与控制要素，认清构成聚落空间物质层面最本质的东西。

（一）整体空间

1. 自然形态

自然形态是自然界本身所具有的面貌，未被施加人类的行为影响。传统聚落的一般空间形式是在原始形式下通过一系列人工方法将自然形式改造后所呈现的形态。但是，面对自然界，人类总是显得很渺小。尽管每种传统聚落都不断受到人类动态变化的影响，但它常常无法达到破坏自然形态的地步。因此，根据自然形态的特征基本上可以确定聚落的大致形状。

2. 传统聚落整体形态

在聚落的区位选好之后，会经历一个漫长的繁衍生息、迁居定居的过程。随着人口、资源的不断累积，聚落不断地发展起来，道路街巷纵横交错、公共空间大量修建，聚落的规模不断壮大，日趋完整饱满，自此聚落的整体形态基本确定下来。

（二）公共空间

1. 存在空间三要素

诺伯格 · 舒尔兹在《存在 · 空间 · 建筑》中，提出了“存在空间”的概念，构筑了存在空间的结构框架，从中心与场所、方向与路线、区域与领域诸要素表述存在空间，并把存在空间划分为地理、景观、城市、住房、用具诸阶段。

传统聚落公共空间可被视为存在空间的具体表现，要把握传统聚落的公共空间结构脉络，就要以存在空间的理论来对聚落公共空间进行分析：中心——核心场所，路线——街巷道路，领域——外部空间。

2. 内部结构布局

（1）核心场所——点

常以生长点为中心向外以同心圆或放射状呈均衡或非均衡的方式向外拓展，构建空间体系。传统聚落的“中心点”通常是祠堂、家庙、寺庙或戏台、巷道交叉口、古树广场等。多采用以一山、一池、一房、一树为中心的向心布局模式，组织环境空间和建筑。例如，古徽州黟县关麓村以宗祠为中心组织各派系家族居住分区，突出了宗祠的中心地位。

（2）街巷道路——线

传统聚落空间的“脉络”就是街巷道路，它是支撑聚落整体空间形态的骨架，也是公共空间的重要组成部分，依据规模大小分为街巷与街区，人口少、规模小的聚落一般采用“十字形”或者“L 形”等方式进行布局，人口多、规模大的多采用“U 形”或者“棋盘形”等方式进行布局。

①街巷。街巷是连续的线性空间。这种线性空间连接到不同的场所，经过演

变，形成了各具特色的传统街巷空间。主要的线性空间有直线型、折线型、弧线型三种。

直线型：是最简单的一种空间形态，对步行和人流疏散有利，但空间层次性较差。

折线型：与直线型相比，有引导空间、吸引人流的作用，减少了街道过长产生的单调感。

弧线型：空间丰富多变，有步移景异之趣，多见于山地传统聚落。

②街区。在街巷的基础上，进行规模的扩充，向四周延伸扩展贯通，最终形成纵横交错的街区空间。一般街区空间有丁字型、轴线型、网格型三种。

丁字型：由主建筑或建筑群前后东西向的横街和南北向的纵街衍生出的街区。在这种格局中，核心建筑或建筑群占有绝对中心地位，是聚落的功能中心和视觉中心。

轴线型：重要公共建筑作为空间轴线的节点并起控制作用，店铺作为其“基质”分布于轴线两侧。这种格局流线比较清晰，中心也比较明确。

网格型：这种格局形式，在保持重要建筑既有轴线的基础上，在其两侧增加街巷。

（3）公共空间——面

聚落居民住所单元一般是矩形，使得聚落公共空间呈现出几何状的网格。聚落公共空间从总平面上看起来自然有机，布局随意，但通过网格划分，可发现聚落公共空间是由一些看不见的内部网格控制着的。由核心节点空间与街巷线性空间共同串联组合而成的面空间，即为传统聚落公共空间点、线、面最根本直观的体现。周边环境要素丰富，使得公共空间能够出现各自协调的区域，各个区域自身及相互间表现了多种的指向关系：起始与结束、集中与分散、连接与疏通、停留与转折。

（三）院落空间

1. 组团邻里

传统聚落中住宅所占的比重超过九成，更多的空间是人们所生活的居所。居所单体通过组合排列形成组团。居所不能脱离邻里而存在，孤零零的一处居所不能让使用者感受到空间的舒适，只有通过组团才能实现。

2.入口空间

组团邻里间的联系是通过入口空间的营建完成的，居所入口处的空间反映着人们日常生活往来与交流的空间，也反映着人们的生活方式以及相互间的心理关系。

（四）建筑单体空间

1.建筑特征

建筑特征是在自然地理环境以及人文社会因素的影响下生成的。我国疆土辽阔，民族众多，不同地区的历史背景、生活习俗、文化传统、美学观念差异极大，这众多的因素共同决定了传统聚落建筑特征的差异性。

2.建筑材料

建筑是有物质属性的，而建筑材料就是物质属性的表现载体，是构成建筑的主要元素之一。随着时代及科技的发展，材料不断发生着变化。传统聚落的建筑材料主要包括：①植物类，如竹材、木材；②人工烧制品类，如砖石、瓦；③人工开采类，如砂石、灰、混凝土等。

3.建筑装饰

一般来讲，建筑装饰包括所处环境的修饰和建筑物自身的表面装饰。这作为建筑艺术的重要措施，使得建筑的美学价值得以完整表达。

（1）建筑环境装饰

我国自古就重视人与环境的和谐统一，追求自然山水的园林意趣。在建筑环境装饰方面，有丰富转变空间作用的影壁、屏风，有组织交通的游廊厅轩，还有假山奇石、花鸟鱼虫等，手法众多、门类繁多。

（2）建筑物自身装饰

建筑自身的装饰按照建筑部位分为：建筑结构系统装饰和建筑围护系统装饰。

我国传统聚落一般采用砖木结构，结构系统装饰多表现在雕刻方面，包括斗拱的装饰、木作的花雕，以及砖雕等。例如，山西应县佛宫寺释迦塔中的斗拱、王家大院中的砖雕都属此类。建筑围护系统装饰主要集中在门、窗、瓦等上面的多种艺术处理。例如，王家大院的窗花、屋檐等都属此类（图 5-3）。

图 5-3　王家大院屋檐

三、传统聚落空间文化内涵

传统聚落空间的文化内涵主要包括两个方面：一是通过物质作为直接载体表现出来的物质文化；二是通过非物质文化遗产作为载体表现出来的非物质文化。前者的呈现是具象的，人们比较容易理解和肯定，如建筑中的屋檐木雕等就体现了木雕文化。后者的呈现是抽象的，相对于物质的东西，非物质的则比较虚，人们不是很容易认识和发现。

（一）非物质文化遗产

“非物质文化”与“物质文化”相对，是人类在社会历史实践过程中所创造的各种精神文化。大体可分为三种：与自然环境相配合和适应而产生的，如自然科学、宗教、艺术、哲学等；与社会环境相配合和适应而产生的，如语言、文字、风俗、道德、法律等；与物质文化相配合和适应而产生的，如使用器具、器械或仪器的方法等。

“非物质文化遗产”，是非物质文化的无形载体，它是人类在对文化遗产认识中分离出的一个新概念。联合国教科文组织广泛征询专家意见并指出“非物质文化遗产”指被各群体、团体或有时为个人视为其文化遗产的各种实践、表演、表现形式、知识和技能，以及与其有关的工具、实物、工艺品和文化场所，包括以下方面的内容：

①口头传说和表现形式，包括作为非物质文化遗产媒介的语言；

②表演艺术；

③社会实践、礼仪、节庆；

④有关自然界和宇宙的知识和实践；

⑤传统的手工艺；

⑥与上述表现形式相关的文化空间。

（二）宗法制度

宗法制度由父系家长制在漫长的历史中逐步演化而来，是王公贵族按血缘关系分配国家权力，以达到世袭统治的目的的制度。宗法制度给中国社会带来了极为深远的影响：首先，宗法制导致中国父系单系世系原则的广泛实行。由于是嫡长子继承制，女性在继承方面是没有权利的，“传男不传女”的思想根深蒂固。其次，宗法制度造成家族制度的长盛不衰。宗法制度下宗族森严，以血缘为纽带家族成员共同捍卫家族的集体利益。对祖先的祭祀是最重要、最严肃的礼制，祠堂在维系家族团结、强化家族意识等精神方面起到了很大的作用。宗法制度下最能代表家族制度的是祠堂、家谱和族权。最后，宗法制度导致中国出现了“家国同构”。“家是小的国，国是大的家”是家国同构最为真实的写照，中国古语“欲治其国，必先齐其家”表明这种宗法关系已经渗透到社会的各个方面，家国同构直接导致了家庭或家庭成员和国家子民品质的统一，忠和孝成为中国的道德本位和伦理本位。

宗法制度在聚落空间的形成与发展过程中，主要在聚落的空间形态和空间内在结构方面将家族制度、家国同构的宗法等级思想渗透其中，使得从聚落空间、建筑功能、建筑形制到人们的生活方式、意识观念都深深刻上宗法制度的烙印。

（三）风俗礼仪

1. 风俗习惯

风俗习惯是个体或者集体的传统风尚、礼节、习性，是特定社会文化区域内历代人们共同遵守的行为模式或规范。人们往往将由自然条件的不同而造成的行为规范差异称为“风”，而将由社会文化的差异所造成的行为规则之不同称为“俗”。因为风俗是一个文化区域内历史形成的，所以对于集体中每一个体成员的行为举止有着极为强烈的制约作用。风俗主要包括民族风俗、节日习俗和传统礼节等。

我国传统风俗习惯受到农耕文明的深刻影响，大多数节日习俗与传统都与土地、耕种、气候等息息相关，如春节、谷雨等。这些风俗习惯通过发生的场所以及对人们心理产生的影响，从内在控制着传统聚落的空间布局模式。

2. 宗教礼仪

宗教礼仪，是指宗教信仰者为对其崇拜对象表示崇拜与恭敬所举行的各种例行的仪式、活动，以及与宗教密切相关的禁忌与讲究。影响我国传统文化的宗教种类繁多，其中最为广泛而深远的当推佛教、道教和儒教。自汉武帝“罢黜百家，独尊儒术”以来，儒家思想就成为两千年来被统治阶级视为最为正统的主流思想，深植在汉民族的血液之中。由于我国民族以及文化具有兼容并蓄的特点，传统文化中的宗教礼仪往往不单单是一种宗教影响的结果，而是多种宗教共同作用的结果。在我国思想史上，从古代到现代，儒、道、佛三家，对人们的日常生活与处事方式产生着深远的影响。

宗教礼仪是宗教信仰的表现形式之一，是信仰者为向崇拜对象表达崇敬之意而举行的各种仪式、活动和遵守的各项禁忌与讲究。传统聚落空间中有多种与宗教礼仪相关的场所，一般集中在公共空间，它们时时刻刻影响着聚落中居民的生产和生活。

（四）传统技艺

传统技艺是民间传承下来的技艺，每一门技艺都烙着民族的印记。我国传统技艺有很多，包括剪纸、陶艺、年画、皮影，还有变脸、刺绣、泥塑、木刻、木雕、舞龙、戏曲等。其中与传统聚落联系最为密切的莫过于传统砖木结构的营造技艺。

我国传统建筑以土、木、砖、瓦、石为主要建筑材料。营造的专业分工主要包括：大木作、小木作、土作、砖作、瓦作、石作、油作、彩画作、搭材作、裱糊作等，其中以大木作为诸“作”之首，在营造中占主导地位。中国工匠在数千年的建造过程中积累了丰富的技术和手工艺经验，在合理地选择材料、定义结构方法、平衡和计算模块尺寸、加工和制造零件以及施工安装和其他方面具有独特而系统的方法或技艺，并且有相关的禁忌和操作习惯。建筑营造技艺扩展到通过控制建筑单元从而影响整个传统住宅的一般空间形式。通过师生之间“言传身教”的方式，建筑营造技艺得以代代相传。

通过分析传统聚落空间的物质文化内涵，阐明了传统聚落空间的物质文化因素。作为传统聚落空间的信息载体，物质内涵通过物质形式展现了传统的聚落空间，并将结果呈现在人们面前。而作为传统聚落空间内部指导和统领的文化内涵直接或间接地对物质产生影响，影响着传统聚落空间。它的意义更多地集中在目的上，并为未来提供发展的方向和动力。 物质内涵与文化内涵之间的关系是对立统一的。它们相互制约和相互影响，对聚落空间产生影响。

四、传统聚落空间的价值体现

很多人对传统聚落的价值持怀疑态度，实际上传统聚落在现代到底有没有价值呢？答案是肯定的。传统聚落作为一种物质载体，其含有的多重内在要素都有十分重要的价值。在很长一段时间内，一些人看不到传统聚落的价值，认为其只是一堆残破不堪的旧房子，是落后的标志。所以，人们努力推翻这些旧房子，在其上盖上高楼大厦、现代房屋，但是随着这些建筑的崛起，人们终于认识到了传统聚落的价值和其在人们心中的地位，开始怀念传统聚落。

（一）传统聚落的价值种类

传统聚落之所以在建筑界引起研究的热潮，是因为传统聚落本身具有价值。但是，以往对于传统聚落，有的研究著作只单方面强调传统聚落作为文物的宝贵性，这种看法虽然是基于此，但是未免偏颇，不够准确，传统聚落的价值应该主要包括以下几个方面。

1. 地域标识价值

传统聚落的内在文化特质是由不同的地理位置、气候环境、宗教信仰、风土习俗、文化生活等条件共同作用形成的，而这种特质的外在表现是具体的、有差异的地域建筑形态。不同地域有各自不同的个性和魅力，而不同地区的建筑气质（如建筑的尺度大小、符号模式语言、节奏变化等）则是其地域个性和魅力的体现。例如，江南的水乡古镇体现的是“碧柳黄莺啼早春，古桥净水醉红尘”的诗意与婉约；而北京的四合院则是“清风杨柳芊，院庭四合间”，体现的是内在的等级秩序与尊卑关系。传统聚落是区分不同地域特色的重要参照物，具有重要的地域标识价值。

2. 文化标本价值

传统聚落好比化石、标本，记录着珍贵的文化资源，是我国传统历史文化的外在的、物质的表现形式，是古代人民尊重自然、适应自然和改造自然思想的具体物化体现，对于研究具有悠久历史的我国传统文化具有重要的价值，因此古代传统聚落也被称为“传统文化的活字典”。

3. 建筑创作价值

传统聚落是由建筑单元组合构成的，自然具有建筑艺术价值。其空间布局、建筑尺度、造型方式、营造建构、建筑材料与装饰艺术在不同历史时期以及不同地域背景下有着差异化的表现。而这些各具特色的传统聚落通过内在的秩序与尺度的把握与其所处区域的自然相得益彰。例如福建土楼的建筑风格古朴粗犷，形式优美奇特，尺度适当，功能齐全实用，与青山、绿水、田园风光相得益彰，具有很高的建筑艺术价值。

4. 旅游经济价值

传统聚落的艺术价值也为其带来了经济效益。因为传统聚落具有艺术价值和文化内涵，所以不管是在国内向人们普及传统的历史文化知识还是向国外介绍中国传统的文化艺术，传统聚落都是很好的“教材”和展示品。现代都市人群已经不满足于只通过影视和社交的方式来追求乡村宁静惬意的生活，他们希望能近距离接触和感受传统的历史文化，因此传统聚落本身具有巨大的吸引力。

5. 科学研究价值

我国目前处于发展的过渡阶段，一方面要面对发达国家已经走过的老路，如环境污染、人口膨胀、老龄化等问题，另一方面也要面对中国特有的社会问题，如传统文化的传承危机、传统技艺的消失等。而研究传统聚落可让我们更好地解决环境、空间与人文的和谐共生的问题以及现代社会面临的困境。阮仪三教授在接受《新民周刊》采访时曾说道："我不是说今天全部去建木建筑，而是说，这里面是文化，是科学，有待研究。我们今天全拆光了，后人想研究都没有地方。木建筑讲究的天人合一的哲学，是很时尚的。我们留下来，让后代去发扬，期待能够长出新东西来。"[1]

6. 另一类文化遗产

传统聚落不同于物质文化遗产，也不同于非物质文化遗产，而是另外一种遗产。首先，它既包含物质方面，也包含非物质文化遗产方面。在传统聚落的背景下，这两个方面是相互依存的，是不可分割的整体。过去我们过分强调物质文化遗产，而忽略了对非物质文化遗产的关注，结果许多传统的聚落缺乏灵魂，文化底蕴很薄。其次，传统住区的建筑不是古建筑，而是属于现代的乡村建筑，呈现出多种风格。再次，传统聚落不是"文物保护单位"，而是生产和生计的基地，它们是社会的基本单位，是农村社区。它面临改善和发展，这直接关系到村民的生活质量，保护必须与发展相结合。最后，传统聚落的精神遗产不仅包括不同类型的非物质文化遗产，而且包括大量独特的历史记忆、宗族传衍、俚语方言、乡村习俗、生产方式等，它们由于村庄的存在而存在，并保持了村庄的传统，也是聚落中各种非物质文化遗产的生命土壤。

---

1 http://news.sina.com.cn/c/2006-08-30/121110872441.shtml.

（二）传统聚落空间价值

1. 传统聚落空间

“空间”（space）一词源于拉丁文“spatium”，在《辞海》中被解释为：“在哲学上，与‘时间’一起构成运动着的物质存在的两种基本形式。空间指物质存在的广延性；时间指物质运动过程的持续性和顺序性。空间和时间具有客观性，同运动着的物质不可分割。”人类具有认识空间的能力，更具有其他所有物种所不具备的创造空间的能力。

中国的传统哲学的思想主要由儒、道、佛三个哲学体系构成，而且这三者也决定了中国文化的基本特征。儒、道、佛三家对空间虽然有各自的认识，但总的来说都认为空间是两种对立的力量和谐而又动态地共存的统一体，这两种力量相互依存、相互作用且相互转化。其中，以老子在《道德经》中“埏埴以为器，当其无，有器之用。凿户牖以为室，当其无，有室之用。故有之以为利，无之以为用”[1] 的阐述最受推崇。在中国传统的山水画中，所采用的“散点透视”的方法，使人的视点在空间中产生流动，即构成了一个具有“时间”观念的空间概念。英国著名的建筑师和城市规划家吉伯德认为城市设计主要是研究空间的构成和特征，他所说的“城市中一切看到的东西，都是要素”对于传统聚落空间也同样适用。传统聚落空间内容丰富，建筑物、道路、广场、水道、池塘、溪流甚至整体景观都是传统聚落空间的重要组成部分。这些空间元素反映了当地居民的物质、精神和文化需求，是传统聚落类型表面结构的体现。

2. 传统聚落空间价值

传统聚落作为一种实体，集合了先民非凡的智慧，是在时代不断推进中与当时的生产、生活与文化相适应的产物。它高度浓缩了文化在历史长河中的印记，在各族人们内心深处印刻下来，并在处理人与自然以及人与人之间的关系时，准确而真实地反映了人类的生活观念和方式。

传统聚落空间是实体化的外部特征与内部文化特征融合的整体，它是传统聚

1　老子 . 道德经 [M]. 合肥：安徽文艺出版社，2003.

落在建筑层面上最直接、最根本的体现。它是传统聚落最重要的内容，有着十分重要的价值。传统聚居空间的价值不仅包括物质价值，还包括文化价值。只有深入探索这些价值，我们才能了解传统聚落空间的本质，并了解真正的传统聚落空间是什么。

作为实体形态存留的传统聚落，首先是一种有形的资产和符号，再者是民族的集体记忆，更是与其传统演进过程和发展程度相匹配的产物。传统的聚落烙下文化发展的痕迹。它所表达的观念与根植于民族血脉中的传统是同根的。作为承载着人与人、人与自然关系的构成实体，它准确和真实地反映当时人在自然中的栖居理念和聚居模式。其所蕴含的空间价值亟须我们去挖掘。

过去，有些人认为传统的聚落建筑只是些破旧衰败、价值不高的房屋，而且一些建筑师也对其价值持怀疑态度，甚至认为应该将其淘汰。就传统聚落中的建筑物而言，它们并不是在狭义上直接使用，而是用来揭示其固有的建筑艺术价值，并充分理解和使用其创造性的技术和思想。传统的聚落构建方法包括广泛的内容，如功能、技术和经济措施以及环境和空间处理的方法。随着社会经济的发展，这些创新技术已经日趋成熟，形成了许多引人注目的例子。如果要使传统聚落成为生活区，我们必须了解影响传统聚落空间的物质和文化内涵，只有把握好影响传统聚落空间的因素并传承传统聚落的宝贵部分，传统聚落才有生命力，才能够长久留存下去。

第六章 传统聚落空间的传承与再造

一、传统聚落空间传承与再造的概念认识

（一）理论分析

传统聚落面临困难的原因十分复杂，既有社会快速城市化的宏观背景，又有公众对传统聚落了解不足的问题。但是，作为相对专业的建筑设计人员，我们要承担什么样的责任呢？ 第一，我们需要改变对传统聚落的看法，认识它的价值；第二，我们需要做一些具体的理论和实践工作，从思想上指导和引导公众正确认识传统聚落的价值，并在美学和艺术等许多方面提供准确的指导。

传统聚落当前面临的实际问题与传统聚落空间具有的价值之间存在矛盾。两者之间是完全对立的，有着不可调和的矛盾吗？答案是否定的。我们需要从相关理论中寻求答案。但是，在目前的相关研究中，尚无共识，也没有可以遵循的成熟的理论、策略和方法，我们可以从相关学科中借鉴一些基本科学原理。

1.原型批评理论

从西方原型批评理论的角度来分析传统聚落空间，可以把那些在传统地域空间社会生活中引起人们产生共鸣的共有记忆作为传统聚落的原型。原型是对社会、文化、生活和相关环境之间形成的持久关系的抽象解释。它通过材料载体传输其信息，该材料元素可以通过各种特定的表达形式表现。传统聚落的功能是传统聚落“原型”中的一种特定表达形式，随着生活和社会的变化而变化。功能的变化并不一定表示聚落形态的变化，并且人类的本质需求没有变化，这是传统聚落原型的本质。

2. 有机更新理论

道萨迪亚斯认为：人类聚居是一些特有的、复杂的生物个体；人类聚居是动态发展的有机体。如果我们将人类环境视为自发产生、变化和生长的有机体，那么无疑赋予了它一种生命。在不断吸收新的营养物质和排除排泄物的过程中，生命有机体不断生长。它们是基于增加的冗余而形成的，并且拥有许多有意或无意的“间隙”或“中间区域”（包含有益细菌和有害细菌），正是因为与异质物共生，才表现出生命的活力。

从有机更新理论的角度来分析传统聚落空间，可以将整个聚落空间理解为由其各个组成部分相互关联形成的统一的有机体，它按照特定的秩序和规律不断地进行着更新与改变。将传统聚落看成一个生命体，它像生物体一样经历不断演化的过程，变化是永恒的，因此要注重的是引起变化的因素。

3. 新理性主义

“我们不想和传统决裂，传统本身也在演化，并且总是出现新的东西。”阿尔多·罗西认为，最能够表达城市记忆的是“类似性城市”（analogous city），即把历史形态分类，再重新组合，并采用原型浓缩的集中形式，形成众多有意义的和被认同的事物的聚集体。传统聚落空间的变化就像“原型”遗传继承一样，具有继承性和变异性。传统的演变是根植于过去，创造出现代的事物，而不仅仅是传统的表面符号的简单拼贴。

今天的传统聚落可能不是原始聚落，但它一定带有原始聚落的一些基本特征。现有的理论分析可以作为传统聚落传承和重建的理论基础。对于空间的建筑层次，只有将特定的理论和实践相结合才能具有实际意义。

（二）传承与再造概念的再认识——传统聚落的核心价值

在我们面前摆着的严峻现实告诉我们，如果我们对传统聚落只是强调维持现状或者一成不变地进行保护，继续陷在传承保护与开发的争吵中，那么传统聚落可能很快就消失了。我们应该做的是关注传统聚落空间中真正有价值的东西，弄清楚我们要传承的到底是什么以及什么才是真正的传承，对传承的概念和传承内容进行重新的认识和定义。

通过分析传统聚落的物质文化内涵，我们可以在物质文化层面上认识其构成要素，其中一些构成要素具有保留价值，才是我们需要继承和传递下去的。而那些没有价值的构成要素，我们需要根据某些指导方针对其进行转变，以赋予它们新的生存能力。为了实现这一目标，引申出了再造的概念与内涵，即在既有原则的指引下，进行创新改变。因此，传统聚落空间的真正传承可以解释如下：通过对传统聚落空间进行科学而严谨的研究、分析与比较，最后分类并有区别地对待。保留那些有保护价值的部分，并在文化内涵的控制下重建那些缺乏保护价值的部分，从而使其具有现实的生命力。

首先，对传统聚落价值进行归类取舍，并弄清楚其能否被当今时代所接受，能否在新的建造环境中、建筑中得以利用。

1.传统聚落历史价值的再利用

在某些传统聚落中，它们本身具有一定的历史价值，因为它们属于过去时代的真实产物，客观地记录了该时代的社会、经济、政治和文化状况，成为该时代历史的强有力证据。尽管这是一个新时代，但为了保留历史的信息，有必要保留这种现存极少的、具有历史价值的传统聚落建筑。它们是真正的文物，如果没有条件将其移至博物馆进行保护，也要更改它们的现实功能以达到保护的目的，或者可以通过将它们作为博物馆这一形式连续维护。如果不能进行维护，也应对其进行资料搜集和整理，为将来的研究提供基础材料。在某些情况下，可以模仿其中的一些建筑物以满足研究、教育和旅游的需求，而不用建造假古董。我们既不可能为当今时代的居民再建适应过去时代那种生活方式的民居，也不能完全抛开过去，成为无源之水，无根之木。

2.传统聚落建筑创作价值的直接利用与传承

传统建筑与现代建筑不外乎满足人的需要，协调好功能、技术、经济、环境、空间等问题。虽是“没有建筑师的建筑”，但其创作手法与思想具有许多现实作用，许多传统聚落中结合场地环境、引水入院等多种手法可以直接借鉴。当然，其中并非所有的都可以直接拿来，应当持有批判的精神，有所取舍地去结合实际。

3. 传统聚落文化价值复杂，可以从多角度来阐释

传统聚落的文化价值丰富多样，我们应该取其精华，弃其糟粕，其中有的可以通过应用、改造的手段拿来传承，有的东西应当摒弃。文化现象的本质是深刻而复杂的，只有通过概括、提炼和升华等过程，我们才能获得文化现象内在的本质。要研究其含义，它不是传统建筑模型的复制品，而是一种符合传统的新模型。它不仅仅是传统符号的复制品，还是源自传统并由传统创造的新符号。如拉普卜特在《宅形与文化》一书中所阐述的，宅形是“广义的社会文化因子系列的共同结果”。对传统聚落价值的进一步发掘、取舍、提炼、创造性应用，才是最根本、最深刻的传承。首先，理出头绪。其次，通过对传统聚落价值的取舍，我们可以真正地理解何为我们需要传承与再造的价值，即传统聚落空间的核心价值是什么。

（三）传统村落的特征

1. 传统聚落空间对于自然环境的适应性

不同区域的传统聚落的形态、材料、构造都各不相同，这跟当地的气候条件、地势地貌、山水条件等有着很大的关系。虽然不同民族的文化差异造就了不同传统聚落的民族性，但实际上民族性也和聚落所在地的地域范围有一定的关系。各个地方留存至今的传统聚落都具有很强的生态性和自然性，都是因为适应自然环境才传承下来的。

2. 传统聚落空间对于居民生活的合理性

现实生活中的合理性主要表现在居住的物质追求与文化追求两方面，人们生活的物质追求主要体现在相关的生活空间、合理的结合关系、良好的使用条件（安全、朝向、通风、照明）等方面；文化追求反映在人们的信仰、人文、秩序、精神空间、环境等方面。不同的民族、地区、经济地位和生活习俗的人群对这两方面的要求也有很大不同。现在留存至今的传统聚落都是符合当地民族风俗、经济水平、时代变化，从实际需求出发，用相应的材料、技术和方式，相应的营造形式和造型装修而成的，能够被当地居民接受的建筑。

3. 传统聚落空间对于时空发展的变通性

随着时间的推移、时代的发展，人们的生活水平在提高，人们生活的场所也必然发生变化。“传统聚落”本身不是一个静态的固有物体，而是一个动态的建筑类别。如我们所知所见，当某一个传统聚落空间发展到某一相对成熟时期时，才能成为典型的某种传统聚落，它本身就是发展的产物。

变通性是传统聚落的特点，即随着时间与空间的变化而不断地变化。同一地方的传统聚落，随着时间的变化、人口的增多、生活水平的提高、设施的改善、居住生活使用空间及设施的增加，居民不断地对其进行改造、扩建、重建；同一时期的传统聚落，随着空间的变化，因建造地点的地形、周边环境、朝向等情况不同，在具体处理上手法多样，富于变化。这种变化随时随地发生，但它们是逐渐变化而不是突然变化的，是微小的变化而不是面目全非的大变化。传统聚落可以在不断变化中得到发展传承，逐步形成具有传统民族精神和后代认可的传统形式的传统聚落建筑。

4. 传统聚落空间对于文化交流的兼容性

人在社会中的流动引起了经济及文化的交流，它在各地民居中必然产生一定影响，形成在某种形式、材料、装饰、构造上接纳外地影响的变化，即各地传统民居中普遍存在的文化交流现象。而且经济愈发达，这种文化交流愈多，影响也愈深。

传统聚落在文化交流中通常具有兼容的特征，能吸取、容纳别地的文化，接受其影响，将其建筑中一些有价值的形式、材料、装饰、构造吸收到本地建筑之中；在吸收外地好的东西时能结合自己的条件加以改造，不失去自己传统的特色。

各个地方的文化交流都是客观存在的，这种趋势是人们无法阻挡的。如果一个地区的文化故步自封，拒绝与外来文化沟通融合，那么这种文化最终将被时代所抛弃；但是如果一味地吸收其他的文化就会丧失自己的特色，成为其他文化的附庸。只有兼收并蓄、不断兼容才能发展前进。现今，被人们广泛称赞和重视的传统聚落大部分是文化兼容的产物。

最后，将传统聚落核心价值概括为适应、合理、变通、兼容。这几项是我们今后可以传承与再造的内涵。认清传统聚落空间的核心价值是我国许多传统聚落在历史发展的转折性关口需要共同解答的问题。

（四）传承与再造的关系

在对传统聚落的传承上，我们要取其精华，弃其糟粕，对其中精华的部分、有生命力的部分，进行传承和保留；对其中不适合时代的发展、没有生命力的部分，要剔除，或者对其中的精髓部分，运用现代技术和智慧创造出新的、具有活力的内容。传承与再造是一对不可分割的理论范畴，传承是目的，再造是手段，二者相辅相成，缺一不可。只有处理好传承与再造之间的关系，才能对传统聚落做到真正意义上的传承与发展。

对于传承和再造传统聚落空间，真正的难点在于对尺度的把握，即对于传承和再造，两者之间的权重比例如何，改变多少这些问题怎么解决。实际上，经过整修或拆除重造的传统聚落有一些具有传统聚落的外观和优雅的内涵，而另一些通常仅具有相似的外观特征，经不起内在的推敲，更过分的是，有些既没有神韵，甚至连外观的形似也谈不上，只是被某些人拿来作为敛财的噱头。但令人心痛的是，在现实生活中后两种情况占据了大多数。因此，在传统聚落旅游业发展强劲的背景下，解决现代社会生活功能与传统聚落空间之间的关系，掌握好尺度，就需要一套特定的具体传承和重造的策略，以使今后去传统聚落旅游的人们不再有“没有传统聚落的味道”或“商业氛围太过浓厚”的感觉。

（五）传承与再造内容

第一，对于传统聚落空间的传承，应从核心价值的角度分层次区别对待。

①对于已经被确定为世界文化遗产、国家级重点文物保护单位的极少数传统聚落，它们是重点保护对象，应当加大保护的力度，提供配套技术措施及指导。

②对于各地优秀的传统聚落（有的被确定为传统村落、古村落、重点保护民居等），应尽量保护，但是保护并不是说将其看成一种供品，一种不食人间烟火的艺术品，而是要重点展现其“适应、合理、变通、兼容”的核心价值，在保护中进行满足现代生活基本需要的改造。

③对于一般传统聚落的传承应该是一种动态的保护，在力求保护其传统风貌的同时，应合理利用、改造和发展。

第二，对于传统聚落空间的再造，应从新建筑的探索来体现传统聚落空间的核心价值。

①在环境上体现对环境的适应，生态性与自然性相结合是今后建筑的探索方向。

②在功能上体现合理的布局，把满足现代生活的物质需求和精神需求作为前提。

③在技术上体现发展的变通，适应时代的变化与进步，运用新材料、新技术、节约型能源，不拘泥于传统聚落的形式。

第三，对于传统聚落空间按照空间结构的不同层级进行物质内涵与精神内涵的罗列分类并通过研究分析作出理性选择，明确需要传承的物质与文化内容（图6-1）。在弄清楚传承什么，再造什么，以及什么不能改变，什么可以改变之后，工作重点是对传统聚落进行传承与再造的具体实践操作。

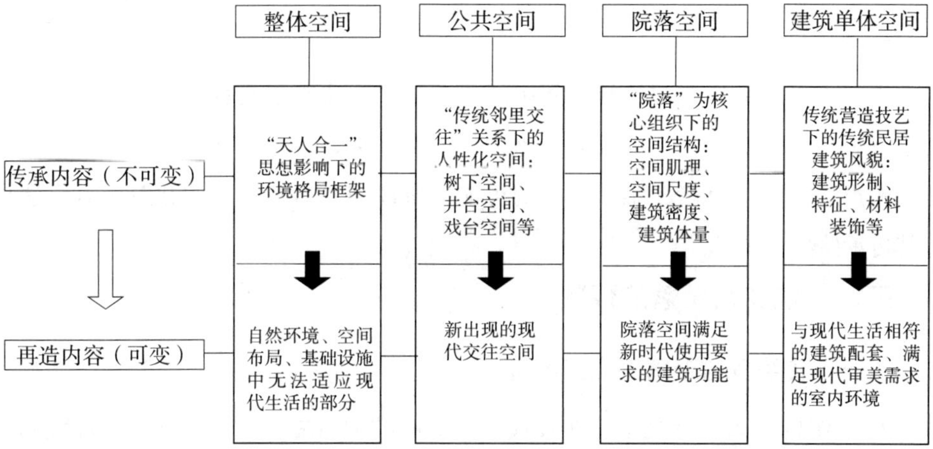

图 6-1　传承与再造内容

而把握住了传统聚落空间结构，就从宏观上控制住了整个传统聚落。对于传统聚落从物质与文化两大层面对空间传承与再造进行了分析与研究，得出了以下结论：

1. 物质层面

①传统聚落整体空间被传承下去的应该是对自然环境充分尊重从而创造出的

人与环境的和谐共生；对于已经遭受人为破坏的环境，可以通过现代科学技术工艺改造自然，对自然环境进行再造，而使自然生态能够更好地为居住在其中的人提供服务。

②传统聚落公共空间中的院落单元等“细胞”的形式、尺度以及其所构成的内在肌理关系应该传承下去；传统聚落中整体空间中的大的院落关系，可以根据现代生活变化进行再造探索从而产生新的组合关系。

③传统聚落院落空间所存的建筑类型及处理手法应该传承下去；传统聚落公共空间为适应现代生活，需要添补新的功能化公共活动空间，这就需要进行再造从而产生满足新时期居民使用要求的公共活动空间。

④传统聚落单体空间中的形式、层次、秩序等内在逻辑应该传承下去；传统聚落院落空间中阻碍居民生活进步的部分需要进行再造以赋予院落空间更持久的生命力。

2. 文化层面

以“人文”为核心的精神空间中那些非物质文化因素是我们应该大力保护并传承下去的。由于年代久远及其他原因引起的破坏，传统文化所剩不多，并且以当前的形势来看，有诸多难以为继的可能，所以需要集中各方的智慧想方设法地将其传承给后世子孙。

二、传统乡村聚落的现状

（一）传统乡村聚落面临的困境

21 世纪的今天，传统聚落在现代社会文明的冲击之下，从自然物质环境到社会文化环境，都在经历着巨变。传统聚落所依附的农业经济、人类环境和社会形式正在发生根本变化。不管是人们的生活方式还是居住观念都发生了巨大的变化。传统的聚落，即那些自古代一直流传到现代的传统的房屋已经很难适应新时代的社会环境，不能满足新时代人们的需求。传统的聚落正在逐渐衰败，甚至到了濒临灭亡之际，过去那种炊烟袅袅、杨柳依依、高山流水、暮色罩四野的祥和景象，离我们已经越来越远。

中国的传统聚落到底该走向何方，为此众多专家学者在讨论与争辩中已经苦苦寻觅许久。近些年来，由于国内外社会、经济的快速变化，传统聚落面临着越来越多也越来越显著的难题，并陷入了深深的困境当中。伴随着互联网信息社会的来临，各种问题集中地暴露在世人面前。

1.数量减少与现状不佳

笔者接触和了解了全国当前的传统聚落实际数据情况及资料，并对北方地区部分乡村聚落进行走访，对现存传统聚落有了比较真实客观的认识。从数据及亲身经历的情况来看，目前国内传统聚落的留存情况不容乐观，呈现出的问题主要有以下几个方面。

①相当数量的传统聚落被现代社会发展的大潮所淹没。在中国快速发展浪潮与城市化进程冲击下，与周庄、同里、平遥同一时期的优质传统聚落多已彻底消失，没有了昔日的容颜与光彩，大量的传统聚落停留在了老人对于历史的记忆与传说中。

②从全国各地村落的申报材料来看，大量的传统聚落已经“面目全非”，新修的柏油路、砖楼房和所谓的欧式时髦装饰屡见不鲜。现存多数的村落都已经失去传统聚落的空间美感与韵律。

③与“时髦进步”的现代建筑形成巨大反差的是，某些地区存在着破败、衰退、人口减少、使用率极低的传统聚落。

2.与当前居民生活矛盾

随着传统聚落社会、经济的进步与发展，居民对于更高水平生活的追求已经成为一种必然的趋势。一些传统聚落的经济结构发生了变化，其中农业收入已经不再是当地居民主要的生产收入方式，居民通过其他的生产渠道获得更多的收入。与传统聚落相适应的生活方式与生产方式是与传统农耕产业结构相适应的，追求现代生活必须导致与原有生活方式的矛盾。而且传统聚落存在以下问题：在自然与人为的因素的作用下，部分老屋已经损毁、老化；卫生医疗、管网线路等基础设施条件不完善；村民热衷于建造宽敞明亮的新房而不屑于对老屋进行颠覆性修整，传统聚落原来的风貌渐渐也随之受到破坏直至消亡。

从空间交流的角度来看，传统的聚落是一个空间社会单位，具有多种功能。在这样一个封闭和独立的空间中，人们经常进行密切的交流。对于生活在其中的人们来说，聚落就是生活的全部。但是随着信息时代的到来，不用直接接触就可以交流的方式影响人们的生活，信息的多样性将不可避免地改变人们的思想观念和生活方式。随着历史的变化和社会的发展，几代人居住在同一栋房屋中的传统家庭式生活方式已逐渐转化为一种现代的独立小家庭居住方式，从而导致传统聚落建筑的结构和布局无法容纳现有的居住群体。

从社会生活需求来看，由于居民人口不断增加，聚落中的公共预留空间十分有限，以致在某些方面无法满足现代人们的生活。例如，建筑群落中供排水、通信、供暖等基础设施建设严重滞后；聚落中没有规划相应的逃生通道、疏散场地、消防设施用地；聚落中缺乏必要的现代生活内容的场所，诸如书店、网吧、休闲娱乐场所等，无法满足现代居民对精神生活的需求。

从本质上讲，经济结构的变化和现代生活方式的引入等一系列变化使传统农村聚落的物质形式在一定程度上与居民的生活产生了矛盾冲突。这种矛盾在全国都很普遍，一方面，虽然要对传统乡村聚落采取保留、保护措施，但是也不能片面注重这一点就强迫居民继续生活在生活条件差、相对落后的环境中；另一方面，也不能因为想要追求现代生活，就对传统聚落的价值全盘否定，将其推翻重建，变成“千村一面”的现代村落。

3. 传统文化的传承危机

冯骥才认为：“传统村落中蕴藏着丰富的历史信息和文化景观，是中国农耕文明留下的最大遗产。”但随着现代化的发展，传统聚落的原生态以及蕴含其内的文化内涵正在快速瓦解。不论在何种地区，居民在生产、生活过程中，都会持续地形成并发展该地区特有的生活习惯及一系列多姿多彩的地方性特色文化。

在城市化进程加剧的背景下，人们对生活舒适性的要求不断提高，而且生活节奏加快，生活成本和压力上升以及社会环境的变化，使许多乡村习俗从我们的视野中逐渐消失了。这些将影响传统聚落空间的合理性。传统聚落的消失使以其为载体的文化也逐渐被人们淡忘。曾经与传统聚落息息相关、相互依存的传统文化遗产活动参与者及群体参与度相对较低，如果我们不及时采取一些必要的措施，恐怕随着时间的推移，那些从祖辈流传至今的传统文化会在我们这个时代消失。

《马丘比丘宪章》的“文物和历史遗产的保存和保护”部分提出：“城市的个性和特性取决于城市的体型结构和社会特征。因此不仅要保存和维护好城市的历史遗址和古迹，而且要继承一般的文化传统。一切有价值的说明社会和民族特性的文物必须保护起来。保护、恢复和重新使用现有历史遗址和古建筑必须同城市建设过程结合起来，以保证这些文物具有经济意义并继续具有生命力。”

4. 传统建筑营造技术的流失

传统建筑营造技术的流失现象在全国范围内普遍存在，这是由众多因素的共同作用导致的。首先，就结构、材料和建筑技术而言，传统营造技术很难与现代建筑相匹配，这增加了实施的难度，增加了经济成本，从而使其缺乏市场，无法成为主流。其次，人们通常对传统文化价值的认知是有局限性的，这使得传统的建筑技术无法为公众所认可。因此，许多具有传统技能的手工技术人员被迫改变行业，另寻出路。最后，现代交通十分便利，人与外界之间的信息交流的机会大大增多，而以前封闭而又独立的价值观和美学观念在人们的影响下逐渐发生了变化。现在，有些传统聚落中的人们已经渐渐迷失在各种所谓建筑风格中，慢慢地失去了自我。那些曾流传于民间，历经千百年的传统建筑营造技术面临着失传的危险。

与之相对应的是，经济的快速发展给旅游业带来了繁荣兴旺的局面。大量带有旅游性、商业性的“仿古建筑”和“仿古街”开始广泛兴建，它们往往因为传统营造技术以及传统营造美学的缺失，而采用现代的建筑结构形式与工艺施工方式，仅仅在表面加上一层带有传统建筑符号的表皮来迎合大众对于传统聚落建筑空间的那份来自心底的向往。最终大多呈现给世人的是低劣的流于表面形式的建筑，这种与传统建筑营造技术相脱离的仿制传统建筑必然会加速大众对于传统建筑审美水准的下降。

（二）传统乡村聚落的优势

当今国际上将历史文化遗产分为两部分：一是物质文化遗产；二是非物质文化遗产。从国际性的《雅典宪章》和《佛罗伦萨宪章》到联合国教科文组织的《保护历史城镇与城区宪章》和《保护非物质文化遗产公约》可以看出，最先关注的是有形的物质性的历史遗存——从小型的地下文物到大型的地上的古建遗址，后来才渐渐认识到城镇和乡村蕴含的人文价值。然而在联合国各类相关文化遗产的文件中，我们只能见到一些零散的关于传统村镇保护的原则与理念，没有整体的保护法则，更没有另列一类。传统村落却是与现有的两大类遗产物质与非物质文化遗产大不相同的另一类遗产。

第一，它兼有着物质与非物质文化遗产的特点，而且在村落里这两类遗产互相融合，互相依存，同属一个文化与审美的基因，是一个独特的整体。以往，我们曾片面地把一些传统村落归入物质文化遗产的范畴，只注重保护传统聚落物质的一面，如乡土建筑和一些历史景观，而没有意识到传统聚落文化方面的重要性，导致传统聚落只剩下一个空心的躯壳，而丧失了灵魂。因此，传统聚落的遗产保护一定要是整体保护。

第二，传统村落的建筑无论历史多久，都不同于古建；古建是属于过去时的，乡土建筑是现在时的。乡土建筑内一直都有人在居住和生活，所以必须不断修缮、更新，以让在其中居住生活的人能够过得舒适。因而，村落的建筑不是某一个时代的风格相似的古建筑群，而是有着动态嬗变的展示历史进程的空间，它的历史是鲜活而立体的。对于这一遗产的确认和保护的标准应该专门制定和自成体系。

第三，传统村落不是“文物保护单位”，而是生产和生活的基地，是社会构成最基层的单位，是农村社区。它面临着改善与发展，直接关系着村落人民生活质量的提高。保护必须与发展相结合。在另两类文化遗产——物质和非物质文化遗产中，显然都没有这样的问题。

第四，传统乡村聚落的精神遗产，不仅包括各类“非遗”，还有大量独特的历史记忆、宗族传衍、俚语方言、乡约乡规、生产方式等，它们作为独特的精神文化，因村落的存在而存在，并使村落传统厚重鲜活，还是村落中各种非遗不能脱离的“生命土壤”。

综上所述，从遗产学角度看，传统村落是另一类遗产。它是一种生活生产中的遗产，又饱含着传统的生产和生活。

（三）传统乡村聚落的保护

2012 年 4 月，国家四部局——住房和城乡建设部、文化部（2018 年并入文化和旅游部）、国家文物局、财政部联合启动了中国传统村落的调查，并把盘查家底作为工作之首要任务，表明了这一举国的文化举动所拥有的气魄、决心与科学的态度。这项工作推动得积极有力和富有成效。半年后，由各省政府相关部门组织的专家调研与评审工作初步完成，全国汇总的数字表明我国现存的具有传统性质的村落近 1.2 万个。随即四部局成立了由建筑学、民俗学、规划学、艺术学、遗产学、人类学等领域专家组成的专家委员会，评审“中国传统村落名录”。进入名录的传统村落将成为国家保护的重点，评定的着眼点为历史建筑、选址与格局、非遗三个方面。

很多人认为国家传统村落名录一旦“出炉”，就说明对传统聚落的保护已经完成，但其实这份名单的确定只是保护的开始。就好比很多人认为一个地方申遗成功了，好像就完成任务了，其实不是的。历史文化遗产确定的那一刻，正是科学保护工作开始之际。特别是，保护传统村庄是一项新任务，充满挑战，任重道远。要想做好这项工作，必须做好以下几件事。

1. 建立法规和监督机制

传统乡村聚落保护必须有法律保证，有法可依，以法为据，立法是首要的；还要明文确定保护范围与标准，以及监督条例。管辖村落的地方政府必须签署保护承诺书，地方官员是指定责任人。同时，必不可少的是建立监督与执法的机制。

我国现在对物质文化遗产的保护有《中华人民共和国文物保护法》，其监督和执法机制比较健全；对非遗的保护有《中华人民共和国非物质文化遗产法》，它还有待进一步完善。

2. 必须请专家参与

我国村落形态多，个性不同，在选址、建材、构造、形制、审美、风俗上各不相同，因此，在保护什么和怎么保护方面必须听专家的意见。传统乡村聚落保护与发展应制定严格规划，由专家和政府共同研讨和制定，并应得到上一级相关部门的认定与批准。传统乡村聚落能否保护好的关键之一，要看能否尊重专家意见和支持专家想法。

3.传统乡村聚落的现代化

保护传统乡村聚落绝不是原封不动。村庄进入了现代，生产和生活必须现代化。村里的人们有权享受现代文明和技术带来的舒适和便利。就这一点来说，保护和发展村庄完全可以实现两全其美。有些人认为这两者之间的矛盾难以解决，要想达到这一点就必须舍弃另一点，这种观点是片面的、错误的、急功近利的。在这方面，希腊、法国、意大利等西方国家在保护历史悠久的市区中所采用的一些方法可能会给我们带来积极的启发。例如，他们没有改变建筑物外墙的历史格局、规模和历史独创性，但他们改变了室内使用的功能，甚至调整了内部结构，从而极大地改善了历史街区的生活质量。

民居不是文物性古建，保护方式应该不同，需要多多研究与尝试。传统乡村聚落的保护与发展不但不矛盾，反而可以和谐统一，互为动力。其原则是，尊重历史和创造性发展，缺一不可。

只有传统乡村聚落生活质量得到提高，宜于人居，人们生活其中感到舒适方便，其保护才会更加牢靠。

4.少数民族地区的村落保护

在少数民族地区，村落就是民族及其文化的所在地，其保护的意义与尺度应与汉族地区村落保护不同。对于少数民族一些根基性的原始聚居地与核心区域，应考虑成片保护，以及历史环境与自然生态环境的保护。

5.可以利用，但不是开发

我国的传统聚落分布广泛，每一处都有自己的特点，因此，不能仅把旅游开发当作传统聚落保护发展的唯一出路，对于一些有特色、适合旅游的传统聚落可以发展旅游业，而对于那些不适合发展旅游业的地方要积极拓展新的出路。传统聚落是脆弱的，那些发展旅游业的传统聚落不能只一味追求经济利益，而忽略了聚落本身的承受能力，那些为了招揽游客而编造一些与自身村落历史无关的景观的行为也是不可取的。联合国对文化遗产采取的态度是“利用”，而不是“开发”。利用是指在确保历史真实性和发挥其文化的精神功能与文化魅力的前提下获得经济收益；开发则是一心为赚钱而对遗产妄加改造，造成破坏。坦率地说，这种对遗产的“开发”等同于“图财害命”，必须避免。

6. 细细搜寻，不能漏网

尽管全国范围内的村庄登记工作已经初步完成，但我国幅员辽阔，村庄众多，肯定会有一些具有传统价值的村庄隐藏在山水之间，没有被发现，因此仍然需要更详细的研究。非遗普查使我们意识到，中华文化的丰富之处在于总有许多隐藏的宝藏。今天，我们要仔细搜寻传统乡村聚落，不能让任何一个有价值的传统聚落被埋没。

7. 推荐露天博物馆

现今世界上有一种愈来愈流行的做法叫作“露天博物馆”，就是把这些零散而无法单独保护的遗存移到异地，集中在一起保护；同时，还将一些掌握着传统工艺的手工艺人请进来，组成一个活态的“历史空间”——露天博物馆。近些年来，这种博物馆不仅遍布欧洲各国，亚洲国家如韩国、日本和泰国也广泛采用。露天博物馆是许多国家和城市重要的旅游景点。这种方式，可以使那些分散而珍贵的历史细节也得到妥善的保护与安置。

8. 提高村民的文化自觉与自信

传统农村聚落的保护不应只在政府和专家的层面上进行，还应依靠村民，应发动村民自觉地去行动、去保护。如果人们不了解他们所拥有的文化的价值，他们不喜欢这种文化，甚至不认同，那么我们所做的这一切工作是为了谁呢？因此，另一个基本任务是提高人们的文化意识和文化自信。要像阿尔卑斯山某些地方的居民一样，每个村民都与来访的客人自豪地谈论家乡的风景、山水和小动物，以及祖先留下的房屋等建筑，甚至还会穿上他们传统的服装唱着家乡的歌谣欢迎游客。

文化首先被它的拥有者热爱才会得以传承。提高村民的文化自觉是件需要长期坚持和深入研究的事，但如果只让人们拿着自己的“特色文化”去赚钱是不会产生文化自觉的。在这方面，鼓励和支持志愿者和社会各界投入、参与和帮助传统乡村聚落保护，也不失是推动全民文化自觉的好办法。

三、传统聚落空间传承与再造的策略

（一）传统聚落空间传承与再造原则

1. 整体性保护原则

坚持传统聚落整体性保护的原则，在重视传统聚落中大批有价值文物古建保护的基础上，需要强调重点保护和沿承构成传统聚落整体空间环境风貌特征的自然环境、建筑群体和传统地域文化。不仅仅是对一座建筑、一条街道进行孤立保护，更是对自然、人文景观与传统聚落整体空间要素整体协调处理，延续传统聚落空间的肌理，取得整体风貌的整体统一与协调。最终，在整体性保护的基础上合理利用传统聚落，兼收并蓄，在利用过程中加以强化保护。

2. 因地制宜原则

传统聚落空间具有多样性的特点，因此要对不同地域条件下、不同状况的传统聚落进行具体分析。所谓橘生淮南则为橘，生于淮北则为枳，具体问题不同，处理方式也不同，没有放之四海而皆准的处理方式。只有结合具体的背景条件、所处的自然环境、当地居民的各种需求与当地的文化传统等多种因素才能灵活处理问题，解决问题。

3. 可持续原则

坚持传统聚落传承与再造的可持续原则是指从可持续发展的角度来认识传统聚落空间的各方面。第一，物质层面需处理好传统聚落保护与聚落内部更新、改造及新建建筑之间的关系。在整体性保护原则的基础上，规模适度、循序渐进、有的放矢地进行物质建造，防止具有不可恢复性、危险性的大规模拆建。第二，文化层面需强调传统文化在传统聚落中是否具有持续性。文化的传承与保护是一个长期的过程，不能因一时政策，只图一时热闹而缺乏后续的维持。

4. 人性化原则

必须坚持人性化原则。在传统聚落中，应该在整体性保护的基础上，以改善居民的物质生活质量，满足并提高居民的精神文化水平为基准，强调公众参与的程度。保持传统聚落历史文脉的延续离不开当地居民，务必使传统聚落与居民成为密切联系的不可分割的整体。

人是空间中的行为主体，空间为人提供进行各种活动场所的同时，也限制着人的活动。空间对处在其内部的人有促进或抑制作用，当空间适合人的各种需求时，人会感觉舒适；当空间不适合人使用时，人会感觉压抑和不舒适。因此在空间中，人的感受好坏是空间好坏评判的标准。这里的“人”不应仅仅狭义地理解为生活在传统聚落里的居民，应当扩展为身处在传统聚落中的任何人，为了人而去作出合理的改变。他们的感受和他们的需求才是更为完整的对传统聚落空间的要求。

（二）传统聚落空间传承策略

1. 相地为先

就传承传统聚落整体空间而言，相地为先的策略可以理解为在尊重自然规律的前提下，综合平衡生态环境的整体可持续性与满足人对物质与文化的需求的关系，达到人与自然环境和谐共处的状态。“相地”中的“地”除了指人们赖以生存的土壤、水、植被等自然元素组成的土地系统集合体之外，还包含那些曾经和当下生活在土地上的人，以及他们在土地上所留下的历史印记与时空感知。相地为先的策略主要有以下几项：

①尊重自然，顺应自然。人是自然的一分子，应用谦卑友善的态度去与场地环境交流、共处。学习古人如何在万千繁复的地理、气候环境中，有智慧地利用自然，趋利避害，将自然环境与人有机融合，达到“天人合一”的境界。

②尊重当地居民寄予在土地上的各种物质、文化需求并理解他们的生产、生活与行为习俗。

③合理、有效并可持续地开发利用自然资源。通过对土地与生活其中的居民进行系统、全面的调查、研究与分析，最后确定出合理配置土地等自然资源，节制并有效率地使用自然资源满足人的各类需求的使用方式，以达到自然资源的可持续利用目标。

2. 延续肌理

传统聚落公共空间的传承主要体现在空间肌理的延续上。延续肌理的策略是指通过对空间结构在“点”“线”“面”三个层面进行严格控制把握，使空间尺度、建筑密度、建筑体量与建筑高度等方面延续传统聚落公共空间的“原型”，从而使得传统聚落空间的“基因”能够传承留存下去。延续肌理的策略有以下方面：

①“点”肌理延续的主要内容是节点和标志物，而传统聚落公共空间中的节点和标志物一般指庙宇、祠堂、县衙等传统建筑。对于这些传统建筑，应该通过量化的数据录入与统计研究，得出其在建筑体量、建筑高度等方面的定义式参数与模板，并严格遵守。

②“线”肌理延续的主要内容是街巷道路，通过对传统聚落街巷的道路宽度、道路走势、道路景观、道路材质等进行量化分析与研究，制定出控制数值，并确定通用类别。

③“面”肌理延续的主要内容是传统聚落公共空间的功能分区与建筑密度等宏观层面的布局方式，通过对传统聚落功能分区的抽象解读以及建筑密度的数据统计，得出可以定义传统聚落空间“面”肌理的控制原则。

3. 诗书礼乐

就传统聚落组团邻里空间而言，“诗书礼乐”的策略是指传统聚落空间中的生活主体即当地居民在传统文化要素方面的继承与保护。这些传统文化要素是与传统聚落空间同位共存的，它们相互联系、相互影响，是不可分割的有机整体。通过鼓励与发展蕴含在组团邻里空间内的中华民族传统文化，进而留住传统聚落空间的“魂”。诗书礼乐的策略有以下方面：

①对于传统文化、民间活动的保护与继承，要讲求突出重点代表，不能完全照搬并套用过去的文化，那样是不明智也是不可行的。

②应该保护的是散落在传统聚落中的那些具有真实历史价值、道德修养与审美情趣的文化遗产作品。

③文化遗产与具体的自然、社会、生态、人文环境紧密相连，无法脱离环境而存在，对于传统文化的保护传承核心的就是突出其原生态性，尊重原生环境是重中之重。

④对于文化传统根据影响、范围、价值等进行分类、排序，确定相应的保护级别，主次有序地进行保护。

⑤鼓励风俗习惯的继承，充分把握民间文化力量的发展，把积淀于传统聚落居民骨子里的传统调动起来，影响、教育后代，将传统文化弘扬下去。

4. 一脉相承

传统聚落建筑单体空间的传承主要体现在建筑特征、建筑形制、建筑材料与建筑装饰等方面。一脉相承的策略是指通过对建筑形制、建筑营造技术等方面严格保留，不带有一丝的弄虚作假与掺杂，能够使传统建筑真实呈现在世人面前，而不是矫揉造作地披着一层既不是传统建筑又不是现代建筑的外衣。一脉相承的策略有以下方面：

①传承传统建筑古朴和谐的原生态美感，对于能够反映建筑外观的特征、形制、材料与装饰等各部分，必须保持传统的样式，而不能用现代的材料、形式与审美情趣去肆意妄为地改造、增删所谓的现代建筑元素，以免破坏传统建筑的风貌。

②传统建筑保护不是一蹴而就的，而是一个长期的过程。传统建筑应该是传统生活的继承与延续，体现出场所精神与文化内涵，不能让其成为单薄的纯粹建筑展品，而应当是生活与建筑、环境相统一的整体。

③传统营造技术是传统建筑能够实现并流传至今的根本技术保障，通过传统建筑的物质形式来体现。同样，传统建筑也不能脱离传统营造技术而存在，只有将其很好地保护并发展下去才能将传统建筑完整地传承下去。

在具体的实施中还是有大量具体的细化工程要做。例如，在整个乌镇东大街的实际修复施工过程，充分听取了原居民及当地工匠的意见，尽可能地贴近历史原有风貌，基于“修旧如故”的理念，还大规模地收购各类旧木料、石料，对所有民居特别是厅堂等重点保护建筑进行维修，确立了十年一修的标准。

（三）传统聚落空间再造策略

1. 风貌整治

传统聚落空间不仅包括建筑空间形态，还包括整体自然环境，它们一起构成了传统聚落的整体风貌。但传统聚落历经沧桑，为历代人居住，不可能没有损伤以及顽疾，不论是在自然环境方面还是在传统建筑方面都需要修补与整治使之能够重现往日的风采。风貌整治的策略是指在坚持传承策略的基础之上，对自然环境与建筑空间形态的各个要素进行符合居民生活的各项治理，主要有以下方面：

①自然环境整治：在漫长的自然灾害与人为损耗下，包括山川、河网水系、农田及植被景观等在内的自然环境要素都会出现不同程度的问题，影响当地居民的各项活动，因此，需要借助现代技术与工艺对其进行改造、治理。

②空间格局整治：包括对街巷道路进行修建改造，以使其满足现代日照、消防等规划层面的需要；对传统聚落中的不和谐建筑进行拆除、重建等。

③市政基础设施整治：整体对传统聚落进行水网、电网、管线综合、垃圾站等基础设施的改造、升级。

2. 功能置换

传统聚落公共空间的建筑使用功能是与传统农耕社会及封建制度相适应的，其中的一些建筑功能随着现代社会制度与现代生活模式的改变变得不合时宜，必须进行调整，重置这些空间的建筑使用功能，赋予其新时代的使用意义。功能置换的策略是指对现在已无使用或很少使用意义的空间进行功能改造重置。其具体措施有以下几个方面：

①对已无原有使用功能的建筑空间进行功能上的置换。例如，将价值较高的标志物建筑，如衙门、镖局等，改造成历史文化博物馆、民宿展览馆等，或者将传统手工作坊改造成传统工艺陈列馆等。

②对仅存很少原有使用功能的建筑空间进行功能上的叠加，如为戏台增加放映多媒体功能等。

③增加原来没有、现在需要的建筑空间，如公厕、浴室等。

3. 以人为本

传统聚落空间在形成的过程中，有些空间因为各种原因不够人性化，对生活于此的居民产生消极的影响，对此应采用具体的空间改造措施使其成为“人性化”的空间。主要有以下方面：

①可通达性：通过对建筑与街巷道路的整改，方便人们通达交往场所。

②可控性：营造平衡可控空间，使人产生安全的空间认知与归属感。

③开放性：传统聚落的住宅绝大多数为封闭性的内向空间，可通过对其进行改造为居民提供可触、可感、可视的交往场所。

④适宜性：体现以人为本的核心内涵，对建筑空间进行无障碍设施改造，使其体现现代社会生活环境对人的关爱与尊重。

4.兼容并蓄

传统聚落空间中的建筑单体是组成传统聚落的“细胞单元”，最直观地反映着传统聚落的形象。在传统聚落空间的再造过程中，需要在坚持一脉相承策略的前提下，按照兼容并蓄的策略实施。兼容并蓄的策略是指在坚持传承的基础上，通过学习、利用各种有益模型，采取措施为传统聚落的再造进行各种实践。其具体措施有以下几个方面：

①对传统聚落中已有建筑进行分类并加以处理。处理的目的是在加强结构强度的同时，对传统建筑进行修复，使其恢复到之前的面貌。

首先，对于那些采用地域传统材料、使用传统营造技术修建的，传承了传统建筑形式、色彩，与周边环境相适应并保留完好的建筑单体，采用维持现状的方法将其保留下来。

其次，对那些结构基本完好，但局部残破的建筑进行局部加固、细部修缮及损坏构件替换；对结构不好的建筑进行落架翻建与复建，以恢复其原状。

②对传统聚落中历史上曾存在，现已被毁的标志性传统建筑，以科学的历史调查与准确的数据资料为依据，进行重建或者移建，以恢复原状。

③对其他地区优秀传统聚落中那些极具艺术价值和技术价值的建筑，进行借鉴。这种借鉴是景观设计中被广泛使用的手段，通过对艺术形式和文化表现的提取，传承和再现优秀传统聚落，而不是进行简单的符号拼凑和堆叠。可以说，整个传统聚落的修建史就是不断地传承和借鉴以前聚落的优质部分，进而创新发展的过程。当今可以通过这种借鉴进行再造，使蕴藏在传统聚落中的丰富物质价值与文化价值能够为现代人所感知。

④在确定保护的较为完整的传统乡村聚落之外，还有些残破不全的古村虽无保护价值却有一两件单体的遗存，如院落、祠堂、戏台、庙宇、桥梁等，完好精美，颇有价值，但孤单难保，日久必毁。可以采用“露天博物馆”的处理方法，即把这些零散而无法单独保护的遗存转移到异地，集中保护起来；与此同时，还将一些掌握着传统工艺的手工艺人请进来，组成一个活态的“历史空间”。最终，那些分散而珍贵的历史细节也得到了妥善的保护与安置。

对现有保存较好的传统聚落及民居进行保护、改造和利用，可以将有些聚落改造成为博物馆、宾馆、展览馆，对于多数聚落仍可将其作为民宅。室内也可以进行改造。按照现代生活、防灾需要增加水、电等公用设施，改善环境。

传统聚落，其建筑形态适应气候环境，有与地形相协调的群体布局、与山水环境相契合的建筑构思、富有弹性的庭院空间处理、独特的空间运用、丰富优美的造型创造、富有特色的建筑空间组合、建筑装饰的地方化与民族化、经济便宜的地方材料选用、简便适用的建筑技术处理、标准而灵活的建筑施工方法等。

第七章　传统乡村聚落发展及其空间结构优化的思考

一、传统乡村聚落发展及其空间结构优化

（一）区域整体发展——乡村发展的必由之路

区域整体发展思想缘起于19世纪末城市规划理论的重要奠基者、英国社会学家霍华德（Ebenezer Howard）的“田园城市理论”和格迪斯（P. Geddes）的区域规划综合研究方法及有机疏散理论。在区域整体发展思想研究方面，最具代表性的研究来自20世纪美国学者芒福德（Lewis Mumford）的“区域整体论”（regional integration）思想。他将当时美国城市发展面临的困境归结为“四大爆炸”，即人口爆炸、郊区爆炸、高速公路爆炸和休憩地爆炸，在他看来，要想解决这些问题，要建立综合性的、城乡融合的区域发展框架，不应将农村当作城市的附属品，区域是一个整体，而城市只是其中的一部分。他认为，“区域规划最大的不同在于它包括城市、村庄及永久农业地区，并将它们作为区域综合体的组成部分”[1]，强调对区域综合体的组成部分加以综合研究。对于那些城镇密集的地区，芒福德主张大中小城市相结合，城市与乡村相结合，人工环境和自然环境相结合。他认为，城市和乡村是不应该被分开看待的，两者之间是一回事，是与规划有关的密不可分的两个方面。在区域发展的空间形态上，他积极推荐斯坦因（C. Stein）的区域城市理论和莱特（Henry Wright）的区域统一体（regional entities）规划思想，主张建造多中心的、覆盖范围更加广阔的区域综合体，通过整体化的、清晰的区域交通体系的联系，最终形成网络式的空间结构体系。

城乡发展是整体关联的，在乡村聚落发展及其空间结构研究中引入区域整体

1　苗建军．城市发展路径——区域性中心城市发展研究 [M]. 南京：东南大学出版社，2004.

发展思想是十分必要的。中国是当今世界上城市化水平较低、农村人口最多的国家，农村社会经济占有较大的国土空间。

中国的农村发展问题和城乡综合发展问题，既非城市也非农村自身所及，一个完整的发展战略应该是将农村和城市共同置于工业化和城市化框架之中，形成城乡互补、联动发展的格局。

上述观点，也正是区域整体发展思想——强调城乡融合的区域发展框架——的体现和要求。在中国农村发展研究中引入区域整体发展思想，既是正确看待和分析城乡关系问题的客观要求，也是中国农村发展及其空间结构优化的必然选择。

（二）农村工业化——农村聚落发展及其空间结构优化的核心

中国乡村聚落发展及其空间结构优化所遇到的最大阻力在于缺乏有力的产业支撑，尤其是在欠发达的中西部农村地区。东部沿海农村地区由于分布着大量的中小企业，当地农村经济发展非常活跃，如长三角和珠三角一些农村地区依靠中小企业发展，造就了如温州的制鞋业、东莞的电子业、绍兴的纺织业和顺德的家电业等乡镇工业的辉煌，极大地推进了该地区农村的工业化和城镇化，也使该地区在全国率先破除了城乡分割的二元社会经济格局。

1. 农村工业化的基本内涵

美国发展经济学家钱纳里（Hollis Chenery）指出，工业化就是指制造业产值份额的增加过程，工业化水平用制造业在国民生产总值中的份额来衡量；印度经济学家撒克（S.Y. Thaker）认为，工业化是脱离农业的结构转变，即农业在国民收入和就业中的份额下降，制造业和服务业的份额上升。一般而言，工业化是近现代工业通过自身的变革在经济中占据主导地位并使国民经济乃至整个社会都得到改造的过程。

很明显，工业化应该包含 3 个层次的内容：

①工业化首先是近现代工业自身的变革即工业革命的过程。因为没有工业革命，工场手工业就不可能完成向机器大工业的转变，更不可能在国民经济中占据主导地位，完成农业国向工业国转变的过程。

②工业化是工业以自己的产品、生产方式和生产制度去改造国民经济的过程。在工业革命过程中，其他产业或部门会广泛运用工业产品和工业社会创造出的科

学技术与生产制度去改造传统的生产方式，有效提升自身的发展能力与发展水平，进而使整个国民经济得到改造。

③工业化是工业以自己的产品和文化去改造整个社会的过程。表现在工业通过其产品、理念和文化向社会领域的渗透与传播，使人们的思想观念、文化素养及生产生活方式发生改变，从而实现对社会发展、变革和改造的作用。

农村工业化以发展农村工业为内容，是国家或地区工业化过程的有机组成部分，与一般工业化有着相同的内涵。但农村工业化是在农村进行的工业化，其发展又具有自身的特殊性。首先，农村工业化是在农村社区范围内进行的工业化，其发展受到农村社区本身的限制，在技术、资金、信息、人才和生产的组织管理等方面会遇到更多的困难；其次，农村工业化是在城市工业及其他产业已经有一定发展的背景下进行的，所面对的形势是十分复杂的，竞争压力巨大；再次，农民所从事的非农生产活动带有明显的兼营性，是作为他们的副业存在的，在本质上归属于农村。如果在工业化过程中不能解决好农业剩余劳动力与农村发展问题，就失去其存在和发展的根本意义。

2. 农村工业化与城镇化的关系

农村工业化与城镇化之间存在密切的联系。一方面，农村工业化会生成农村城镇化。工业生产的集聚效应引起人口及其他生产要素在空间的不断集聚，当包括人口在内的各种生产要素在某地理区位上的集中达到一定规模时，就会形成城镇。随着工业的不断发展，城镇的规模会不断扩大，并产生对金融保险、交通通信、技术信息、住宿餐饮和文化娱乐等服务产业的需求，从而带动城镇第三产业的发展。因此，工业化必然推动城镇化。另一方面，农村城镇化会促进农村工业化。城镇以其配套的基础设施，快速的信息传递，良好的金融、技术、文化、通信等服务，为工业企业创造外部经济，对工业企业的发展产生促进作用，推动工业化水平不断提高。因此，没有工业化就没有城镇化，没有城镇化就不会有真正的工业化。没有人口和生产要素在地理空间上的集中，现代意义上的城镇不可能生成，没有城镇服务业的发展和城镇功能的完善，工业化也难以顺利推进。工业化和城镇化之间的内在关系，已经被历史发展所证实。

在理论研究方面，美国著名经济学家霍利斯·钱纳里等学者曾对工业化与城市化关系进行了分析，提出了部门产出结构与就业结构之间数量关系的劳动力配置模型（又称“钱纳里模式”或“多国模型”），并根据人均国内生产总值，将不发达经济到成熟工业经济的整个变化过程划分为3个阶段6个时期，认为从任何一个发展阶段向更高一个阶段的跃进都是通过产业结构转化来推动的，指出随着人均收入水平的提高，工业化的演进导致产业结构转变，进而带动了城镇化水平的提高。进入21世纪以来，国内学者也对工业化与城市化的关系进行了分析探讨，指出在工业化初期，工业发展所形成的集聚效应使工业化对城市化产生直接和较大的带动作用，而当工业化接近和进入中期阶段之后，产业结构变化和消费结构升级的作用超过了聚集效应的作用，城市化的演进不再主要表现为工业比重上升的带动，而更多地表现为非农产业比重上升的拉动。认为工业化过程中城市化的演进速度与产出结构和就业结构的转变趋势有很大关系，工业化引起产业结构的迅速转变，并通过这种转变带动城市化。

3. 中国的农村工业化与城镇化

农村工业化是国家工业化的有机组成部分。农村工业化不仅意味着现有农村社区的经济结构由以农业为主向以工业为主转变，而且还意味着农村工业规模的不断扩大、水平的不断提高以及在一定空间范围内的集聚。乡镇企业发展是中国农村工业化最基本的特征，它绕开了城乡户籍制度等城乡隔离制度对乡镇企业发展和农村劳动力转移的刚性掣肘，在带动农村经济发展和推动农村城镇化进程中发挥了极为重要的作用。农村非农产业的迅速发展、农村非农就业人数的增多以及随之而来的农民收入的增加，直接形成了农村城镇化的动力。但乡镇企业在特定阶段也会对农村城镇化产生较大的阻碍作用。因此，中国乡镇企业对城镇化的影响作用表现为“促进”与“阻碍”两个方面。

乡镇企业对城镇化发展的促进作用主要表现在：

①乡镇企业发展可为城镇基础设施建设提供所需资金，缓解地方政府在小城镇基础设施建设方面的资金压力。

②布局在小城镇的镇办企业规模大，效益好，就业吸纳能力强，能为城镇人口集聚创造至关重要的就业条件。

③乡镇企业能有效带动城镇第三产业的发展，从而进一步扩大城镇就业空间，强化城镇人口集聚，扩大城镇人口规模。而特定时期乡镇企业对农村城镇化发展的制约作用，主要在于：

a. 村办企业的发展分散了城镇建设的资金。

b. 村办企业的发展使农村劳动力缺乏城镇化的动力。

c. 农民收入水平提高之后，不是将收入进行投资，而是用于改善居住环境，住房条件改善的愿望和可能，限制了人口的空间迁移。同时，以“布局分散化、规模细小化、人际关系亲缘化、经营管理封闭化”等为主要表征的农村工业的乡土化，其实质是一种放大了的自然经济思路。“村村点火、户户冒烟”的极度分散化的农村工业布局，不但导致农村工业缺乏基础设施和服务体系的支持，难以产生集聚效益和规模效益，而且不利于新技术的吸收和扩散，不利于现代企业制度的建立，也不利于农业劳动力的转移和农村非农产业的专业化发展。

小城镇是联系城市与农村、联结工业和农业的纽带。以小城镇为核心载体的农村工业，不仅肩负着吸纳被排除于城市之外的农业剩余劳动力的使命，而且承担着支持我国农业发展和农村经济增长的重任；农村工业不同于现代工业，又区别于传统农业部门，它与小城镇发展相结合，以其独立的经济结构而与城市、农村相对应，构成中国经济的三元结构；农村工业与小城镇共生共存、共同发展，为中国工业化和城市化及其协调配合提供了牢固的基础，是我国经济发展和制度变迁的新的“生长带”。

4. 农村工业化对促进农村聚落发展及其空间结构优化的作用

（1）有利于促进乡村人口的空间集聚

传统农业地区经济发展的落后和人口空间分布的高度分散，是由传统农业生产的特点所决定的。在许多传统农村地区，由于受耕地资源总量和现代农业生产技术推广应用的限制，传统农业已经走到了增长的极限。而农村非农产业的发展，不但可以优化农村产业结构，增加农民收入，而且可以吸引农民向非农产业转移，促进乡村人口的空间集聚，有力推动乡村地区的城镇化进程。

（2）可以为农村建设提供资金支持

农村落后的主要表现形式之一就是基础设施的落后。造成这一现象的原因主要是建设资金的缺乏。我国幅员辽阔，农村地域范围很广，因此农村基础设施的投入不可能全部由国家财政出资。针对这一点，如果农村工业得到快速发展，那么就可以增加地方的财政收入，就可以为基础设施建设方面提供一定的资金。此外，工业企业的发展也会带动农村地区基础设施的发展改善。

（3）农村工业减少了农民就业的经济和社会成本

随着生产技术的进步和社会经济的发展，城市二、三产业对从业者素质的要求越来越高，加之城市大量下岗失业人员的产生，使得农村剩余劳动力的城市就业空间越来越小。农村工业创业在农村，企业多是劳动密集型企业，对劳动者整体素质要求不高，农民的就业门槛相对较低，生活成本也较低，因而大大降低了农民就业的经济和社会成本。例如在广东佛山，农村乡镇大量分布着家电、制鞋、五金、服装、玩具、家具等中小企业，吸纳了大量的农村剩余劳动力。

（4）农村工业可以为农村培养新型农民，提高农民的综合素质

长期以来，受农村思想束缚和受教育水平较低等因素的影响，我国农民的整体素质偏低，既不能适应现代农业发展的需要，也难以满足现代工业对劳动者技能和职业素养的要求。所以，在我国经常出现一方面大量的企业岗位虚位以待，另一方面却有许多农民工找不到适合工作的情况。同时，艰难的生存环境使农民工的公共空间和社区缺失。农村工业的发展留住了优秀的农民，为乡村建设提供了关键力量，而且还可以通过对农民工进行全面的职业培训，打造新型农民，提高农民素质，为农村工业的发展提供大量熟练的工人。同时，为满足工业生产的需要并获得有利的竞争地位，农民工将逐渐从被动接受转向积极提高自身素质，从而形成一种良好的学习氛围。

（5）农村工业可以有效带动农村第三产业的发展

随着农村工业的发展，企业的数量和企业职工逐渐增加，必将促进当地农村城镇化水平的提高，而城镇化水平的提高又会带动农村第三产业的迅速发展。

（三）质朴的自然观与人文观——我国传统聚落营造思想的实践价值

1.传统聚落营造思想的基本内涵

中国是一个具有悠久历史的文明古国，有着长达数千年的文明史。在漫长的

历史发展过程中，古代先民们积累了丰富的聚落建设经验，聚落营造思想不断丰富和发展。概括起来，我国传统聚落营造思想的基本内涵体现在以下几个方面。

中国具有悠久的历史和灿烂的文化。在数千年的历史发展过程中，古人在聚落营建方面积累了丰富的历史经验，不断发展和丰富聚落营造思想。我国古代注重天、地、人的和谐共融，注重人与自然、精神和物质的结合，在营造聚落方面倡导聚落环境空间相融共生，空间结构灵活多变，空间景观丰富多样。总的来说，我国传统聚落营造思想的基本内涵主要表现在其崇尚自然的审美理念，顺应自然、因地制宜的生态观，精神空间场所的营造三方面。

古人崇尚自然、“天人合一”的自然观表达了古代人对人与自然关系的基本态度，他们把自然界和人类社会的一切事物的发展变化看作是相互联系、和谐、平衡的有序运动，强调天、地、人相协调，追求“人之居处，宜以大地山河为主”和“以山水为血脉，以草木为毛发，以烟云为神采”的境界。在选择聚落位置时，综合考虑了自然采光、通风、朝向等因素，形成以山峦形势为骨架、水源植被为血肉的选址和布局，以利于生产、生活、交通与造景。传统聚落营建本着顺应地形、就地取材、顺应水脉等原则，充分利用自然资源，把握自然生态的内在机制，巧妙地利用地形地势建立防卫体系，灵活布局居住空间。顺应自然、因地制宜，最大限度地利用自然条件，反映了对自然地理环境的主动适应。

此外，传统聚落对聚落精神文化空间十分重视，通常依据宗教信仰、宗法观念等建立庙宇、祠堂等文化和祭祀活动空间。传统聚落还借助住宅结构、街坊巷道等建立相互联系的空间，塑造人与人之间心灵相通的精神家园。在精神文化空间的营造中，传统聚落也十分注重精神景观的构建和精神文化的教化，如歌功颂德的牌坊、碑亭，弘扬聚落精神文化的匾额、对联、雕刻等，营造出生动朴实、品质独特和充满情感的精神空间体系。

2. 传统聚落营造思想的反思与启示

中国传统聚落营造思想是中华文明的有机组成部分，对传统乡村聚落的营造具有广泛和深刻的影响，在古代聚落建设的实践中有着广泛的应用。虽然传统聚落营造思想受到封建文化的影响，存在封闭、落后的一面，但传统聚落营造思想体现了人类最为质朴的自然观、人文观和哲学思想，其尊重自然、顺应自然、因地制宜的自然审美理念和对人类精神情感的人文关怀思想，至今仍对乡村聚落建设具有重要的参考价值和借鉴意义，对建设生态人居环境、改善人地关系、创造和谐生活具有深刻的启迪作用。乡村振兴的建设实践，无不体现了传统聚落营造思想的核心理念。它既是一种竞争、共生和自生的生存发展机制，又是对时间、空间、数量、结构、秩序与和谐的系统功能的追求；既是一种着眼于富裕、健康、文明目标的高效开拓过程，也是一种整体、协调、循环和自主的走向可持续发展的具体行动。现代社会的规划者和建设者，应顺应人类回归自然、追求人地和谐的本质愿望，从人与自然、人与社会关系的内在机制入手，精心构建人、自然、建筑、社会有机融合的人居环境。

二、国外乡村聚落建设实践与中国的乡村建设

（一）城市化背景下国外乡村建设的实践与经验

1.德国的“乡村更新计划”

第二次世界大战以后，德国农村的发展由于片面追求“功能”方面，使乡村风貌大受损害。20世纪60年代末，德国采取政府财政资助、村民积极参与以及具有多种选择余地的规划等措施，以公开透明的程序在全国范围内实施村落更新计划，纠正了战后相当长一段时期内乡村建筑领域的畸形发展。1969年联邦德国颁布《“改善农业结构和海岸保护”共同任务法》，通过补贴、贷款、担保等方式支持乡村基础设施建设，保护乡村景观和自然环境。1976年对《土地整治法》进行修订，突出保护和塑造乡村特色。乡村更新计划旨在以整体推进的方式确保农村能够享受同等的生活条件、交通条件、就业机会。乡村更新计划主要由政府支持推进，当地政府通过土地整治项目，鼓励地主将土地优先卖给政府，从而可以从整体上对乡村建设进行规划，而且这种做法也能保证为居民提供比较便宜的住房。在具体的实施过程中，是在强化美丽乡村共同愿景的基础上，在规划区内广泛征求、收集公众意见，积极引入专业机构提供设计、评估、认证、促进合作等方面支持，经过当地权力机构通过，取得土地整理规划的合法性，多方联合参与推进乡村建设的行动者网络。

2. 日本的“村镇综合建设示范工程”

20 世纪 50 ~ 60 年代，日本处于经济高速发展期，农村人口向城市急剧流动，城乡差异迅速扩大，出现所谓的农村“过疏问题”。针对高速城市化背景下出现的乡村人口“过疏问题”和乡村衰微现象，日本政府制定了大量促进农村发展的法律法规。同时，政府十分重视对农村和农业的投资，积极推进农村公共设施建设。自 20 世纪 70 年代初日本实施村镇示范工程以来，规划主题主要经历了五个阶段的变化。第一阶段的规划主题是缩小城乡生活环境设施建设的差距；第二阶段的规划主题是建设具有地区特色的农村定居社会；第三阶段的规划主题是地区居民利用并参与管理各种设施；第四阶段的规划主题是建设自立而又具有特色的区域；第五阶段的规划主题是利用地区资源，挖掘农村的潜力，提高生活舒适性。示范工程的实施由政府承担，投资费用的 50% 由中央政府承担，其他由各级政府分担。日本村镇综合建设示范工程在农业与农村经济发展中发挥了巨大作用，大大缩小了日本的城乡差距。

3. 韩国的“新村运动”

新村运动是韩国人民为了改善生活环境、增加收入，从 20 世纪 70 年代开始的全民地区性社会运动，其本质是以勤勉、自助、协同精神为基础，以民族振兴和国家现代化为目标而展开的民族振兴运动。韩国的新村运动以政府支援、农民自主和项目开发为基本动力和纽带。新村运动的初期，旨在改变农村落后的面貌，是农民自主的农村现代化事业。

新村运动主要分为三个阶段：第一阶段（1971—1973 年）是基础阶段，初期新村建设的重点在改善农村公路和住房条件、完善农村水电设施、兴建村民会馆等生活环境的建设上，同时开展改良耕地和提高种子质量等增收工作。这一阶段政府组织开设了新村领导人研修院，在全国培养了许多新村领导人。第二阶段（1974—1976 年）是扩散阶段，这个时期以农村小康运动为重点，工作聚焦在农民增收上，意图逐步消除城乡差距。这一阶段，政府加大了支持力度，扩大了新村运动的范围，激发了国民的改革意识和自主行动意志。第三阶段（1977—1979 年）是深化阶段，这个时期是对以往阶段的超越，扩大了活动的地域和规模，旨在提高新村运动的经济性。全国的城乡生活条件持续得到明显改善。1980年以后，新村运动替代当时不活跃的市民团体，开展了排队运动、遵守交通秩序运动等全国范围的意识改革运动。接下来20世纪90年代新村运动演变为以国家的焦点问题为中心的社会活动。

4. 英国的“中心村建设”

为了缩小城市与农村的差距，激活乡村经济，英国政府从20世纪50年代开始了对乡村地区的大规模规划和开发建设，其具体措施就是建设中心村。英国政府希望通过加强中心村的基础设施、社会服务设施、住宅和其他产业的建设，改善乡村的生活环境和就业条件，促进人口在乡村地区集中。中心村建设提高了英国乡村的生活质量，改善了乡村的生活和就业环境，但是它本身也存在一些问题，如政策与实践不协调、成本效用机制发挥不足等。为此，从20世纪70年代中期开始，英国的乡村由“发展规划”转向了“结构规划”，改变过去一统天下的中心村政策，各个乡村可根据自己的实际情况因地制宜地进行城镇建设，使乡村地区呈现出多元化发展的趋势。

5. 以色列的“乡村服务中心建设”

20世纪50年代，随着大量发达国家的移民定居以色列，以色列的农业也面临着由混合型向专业型的转化。在此背景下，为了适应当时的农业生产方式，保持家宅与耕地的关系，统一领导及组建村镇机构进行管理，兼顾移民群体的独立居住，以色列创造了一个等级服务中心的村落布局。以乡村服务中心为主，约80户组成一个村庄，6 ~ 10个村庄围绕中心布局，不同国家的群体住在各自的村庄里，各村庄均保留一间杂货店、一个幼儿园、一个简易诊所和一座犹太教堂，服务中心一般包括一所学校、一个社区中心、一个储蓄所和一批农业辅助系统（拖拉机站、农产品收购站等）。在中心服务的专业人员，可以在中心附近单独建立自己的社区，虽与周围村庄分开，但能保证及时高效地提供服务。各个村庄的居民可以通过中心互相交往，参加举办的成年教育和培训班。随着农业专业化和非农产业的发展，因剩余劳动力的问题，出现了乡村服务中心的分化，形成村庄集团中心、社会机构、大型文化设施和企业地区中心。以色列的等级服务中心村庄布局，有效解决了农业专业化发展与居民居住的矛盾，促进了移民地区乡村的发展。

6. 经验与总结

乡村发展问题是许多国家在城市化快速发展时期所面临的共同问题。国外乡村建设的实践，为我国乡村建设与发展提供了以下值得借鉴的经验：

①农村建设需要政府的有力支持和推动。国外乡村建设取得的成功，都与国家政府的大力支持密切相关。国家通过制定法律政策、投入资金、制定规划、设置开发项目等手段，对乡村建设进行大力支持，有力推动了乡村地区的建设和发展。

②重视乡村基础设施和公共服务设施建设。国外在乡村建设过程中，十分注重交通、水电等基础设施的建设和生产生活服务设施的配置，重视乡村地区生产条件和生活环境改善。

③提高规划的透明度，引导村民积极参与规划的制定与实施。在规划制定过程中充分考虑和吸收公众意见，制定有多种选择余地的规划，不但体现了决策的民主化，使规划更为全面和完善，而且也调动了村民参与乡村建设的积极性，因而也是国外乡村建设取得成功的重要因素之一。

（二）改革开放以来的中国乡村建设

1. 以家庭联产承包制为核心的乡村建设实验（1978—2002 年）

1978 年 12 月召开的中国共产党十一届三中全会，是中华人民共和国成立以来中国共产党历史上具有深远意义的历史转折，开创了中国改革开放和社会主义现代化建设的新时期。家庭联产承包责任制的确立，恢复了家庭作为乡村社会基本生产经营单位的微观基础，激发了农民的生产积极性；随后人民公社在全国范围内瓦解，使乡村社会获得更为宽松的发展环境。在此背景下，中国乡村社会经济得到快速发展。但家庭联产承包责任制并未改变小农生产的基本格局，没有促进乡村经济的持续快速增长。随着社会经济的进一步发展，家庭联产承包责任制在农业规模化经营以及土地流转等方面的劣势也逐渐凸显出来。乡村发展缺乏合作基础，乡村基础设施严重落后，乡村公共产品严重缺乏，“三农”问题逐渐成为社会各界关注的焦点。

2.城乡统筹背景下的乡村建设实验（2002—2017年）

2002年召开的中国共产党第十六次全国代表大会提出，将城乡统筹作为国家发展战略，加大对农业的投入和支持，加快农业科技进步和农村基础设施建设，健全农业社会化服务体系，引导农村劳动力合理有序流动。2003年1月召开的中央农村工作会议强调，全面建设小康社会，必须统筹城乡经济社会发展，更多地关注农村、关心农民、支持农业，把解决好农业、农村和农民问题作为全党工作的重中之重，放在更加突出的位置，努力开创农业和农村工作的新局面；2003年，国家开始农村税费改革；2005年，国家提出了“建设社会主义新农村”的重大战略决策；2008年10月，第十七届三中全会通过了《中共中央关于推进农村改革发展若干重大问题的决定》，对农村改革发展作出新的战略部署，提出要稳定和完善农村基本经营制度，健全严格规范的农村土地管理制度，建立现代农村金融制度，健全农村民主管理制度。这些连续密集出台的政策与措施，充分显示了国家推进乡村建设的力度和决心，使乡村建设成为国家发展战略的重点。

3.乡村振兴战略

2017年10月18日，在中国共产党第十九次全国代表大会上，习近平在所作的报告《决胜全面建成小康社会夺取新时代中国特色社会主义伟大胜利》中，首次提出实施乡村振兴战略，并把乡村振兴战略作为党和国家的重大战略，既表明了“三农”问题在党中央工作中占据的重要地位，也为实现农业农村现代化指明了方向。同时对乡村振兴战略提出总体要求，并作出相应工作指示。2018年2月4日，2018年中央一号文件《中共中央国务院关于实施乡村振兴战略的意见》对实施“乡村振兴战略”进行了全面部署，描绘了加快推进农业农村现代化，走中国特色社会主义乡村振兴道路的宏伟政策蓝图。围绕三大阶段性目标、新五大要求、七大原则、十大具体工作等方面对实施乡村振兴战略进行了全面部署。

三、传统乡村聚落发展及其空间结构优化的理论策略

（一）创新城乡地域空间，构建区域一体化空间系统

在现实生活中，企业、地区之间以及城乡之间存在各种联系，这些联系体现在生产、流通、运输、金融、信息、文化和科学教育等许多方面，具有相互依存、

相互制约、相互促进的特点。无论它们之间的关系在功能、规则和操作机制方面多么复杂，它们通常在整体上都表现为相互联系的关系网络。作为人类生存和居住的空间，城市和农村在景观形态上具有不同的特征，但是从经济和生态的角度看，城市和农村地区实际上是一个相互补充和依赖的功能性生态经济体系。城市作为农村地区的中心和节点，辐射并影响着周边的农村地区。从空间经济活动的分析来看，城乡两个异类空间子系统的相互依存和互为条件是一条普遍规律。所不同的是，城市以非农业产业为主导，相对集中；农村地区以农业为主，相对分散。现代人在城乡发展中面临的许多问题是由于城乡之间的隔离，它们之间在空间上的经济和生态连续性被忽略。

长期以来，中国实行条块分割和城乡分割的经济管理体制，形成了中国经济社会的城乡二元结构。在改革开放前的二十余年，中国的城镇化发展相当缓慢，城乡系统——统一的城乡地域空间被分裂为两个离异的独立系统在各自的道路上封闭运行，系统之间彼此隔绝，缺乏要素的交流，使得城市的中心作用和乡村的基础作用均难以发挥，导致两极分化不断扩大。改革开放以来，小城镇的快速发展为城乡之间建立了新的结构层。处于分散的农村地区和集聚的城市之间的小城镇的发展，标志着新的社会单位和空间结构层次的形成，表明区域空间系统的常规过程和内部联系的有机过程已经开始形成并逐渐发展。小城镇作为空间经济不可或缺的组成部分，在城乡关系发展和区域空间一体化中发挥了重要作用，产生了巨大的空间效应。

但是，城乡地域空间的创新和一体化区域空间系统的构建，不能仅仅停留在小城镇发展的现状水平和有限的层面上，更不能完全依赖于小城镇的发展。应当看到，在中国特殊的国情和发展背景之下，城乡关联与区域整体发展所面临的问题非常复杂和艰巨，而面对促进城乡要素集聚流动、承接技术转移和成果转化，辐射和服务面域广阔的农村等诸多带有挑战性的问题，小城镇显得力不从心，难以完成承上启下、贯通城乡的历史使命。况且在经济欠发达地区，小城镇自身的发展还存在许多问题，基础设施落后，产业聚集能力弱小，发展还很不完善。

创新城乡地域空间，一是要以区域为整体，统一规划和布局区域城镇体系和村镇体系，构建区域统一的多层次的空间结构体系，形成“城市外圈”“发展走廊”“灰色区域（grey area）”等新型城乡地域空间，解决土地利用、空间布局、规模层次、结构功能等问题；二是建立完善的区域市场体系，通过市场机制配置资源和组织生产，通过分工协作实现综合效益的最大化，解决产业发展问题（图 8-1）。

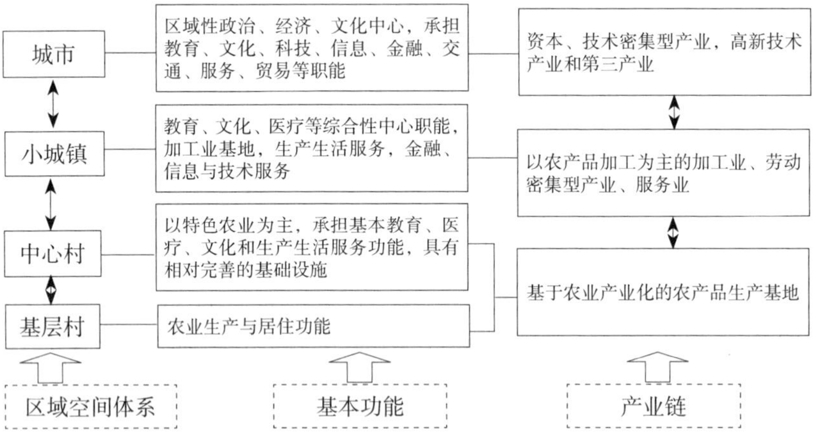

图 8-1　区域一体化空间结构体系图式

（二）提高城乡空间经济组织化程度，促进城乡一体化发展

经济网络是在社会化大生产和劳动分工规律的作用下，地域经济活动主体出于内在需要，通过各种渠道和空间相互作用所形成的关联系统。经济活动主体泛指微观层次上的企业和中观层次上的地区、城镇和乡村；渠道是沟通活动主体之间的各种线路、形式和途径，包括交通通信、商品流通和资金融通等方面；空间相互作用反映的是人流、物流、资金流、信息流和技术流等各种关系变量。经济网络具有空间性和结构性，它以中心城镇为依托，以各种线状基础设施为纽带，以农村地区为基础，形成由点、线、面复合而成的网状地域系统。曾菊新根据网络的基本性质和特征，将经济网络分为企业家网络、商品生产网络、商品流通网络、交通运输网络和通信信息网络，从形成和内容分析，这种划分基本涵盖了经济网络的全部内涵。

经济网络的形成、发展和完善，既是城乡发展的重要内容，也是促进城乡发展的重要手段和基本前提。经济网络的作用与功能表现在：

①企业家是一个社会群体，在城乡经济的运行过程中，企业家之间必然形成各种网络型的交往关系。在错综复杂的城乡经济网络的形成中，企业家充当着织网者的角色，在节约交易费用和规范企业家行为等方面发挥着重要作用。

②随着城乡经济的不断发展，生产专业化、社会化和生产组织的区域化是社会再生产过程中必不可少的重要环节，而城乡商品生产网络作为城乡分工与协作的区域化生产组织形式，有利于专业化和社会化生产的发展，克服生产过程的资源、环境及空间约束，并可形成新的生产力，提高区域竞争力。

③在城乡经济的运行过程中，生产资源的配置和商品生产的实现，需要通过交易和转换过程来进行。作为交易和转换过程的流通网络，可通过结构的完善和构成要素活跃性的激发，提高商品流通的效率。我国在构建农村商品流通网络方面已取得了典型经验，即建立连锁营销网络、建设大型商业网点和形成工商产销联网的格局。

④交通运输网是最基础性的城乡经济网络，与城乡社会经济系统紧密相连，相互影响，相互促进。现代化的交通运输网络是城乡区域经济发展的基础条件。第二次世界大战以后许多国家和地区的经济高速发展，一个很重要的原因就是重视交通运输网的建设和发展，以此推动生产、流通、国土开发和国际交流。

⑤当今时代，各种经济活动和经济现象频繁发生，经济信息大量产生。对这些信息进行及时的搜集、整理、储存、加工和分析，不仅可以把握经济活动规律，而且可以对以后的经济活动作出预测和决策。信息网络的大发展，可以引发城乡经济的突破性发展。

因此，建立现代化的信息传递网络，对支持和引导城乡经济发展具有十分重要的意义。同时，信息化也对乡村聚落空间结构具有重要影响，随着市场信息重要值的提高，乡村聚落在空间上趋于集聚（图 8-2）。

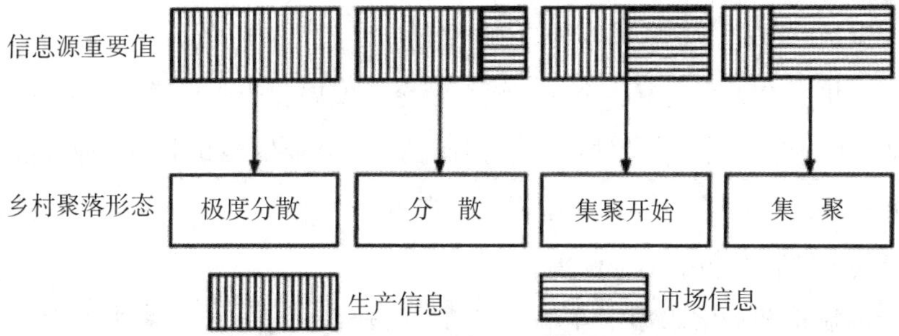

图 8-2　信息与乡村聚落空间结构

（三）发挥政府的主导作用，构建农村发展的产业支撑体系

中国农村发展中存在的最大问题是产业结构单一，非农产业薄弱。特别是在西部农村地区，乡镇企业数量少，规模小，多数企业尚未实现向现代企业制度的转换。为此，必须发挥政府的主导作用，积极推动农村非农产业的发展。

①制定引导和鼓励农村非农产业发展的政策与措施。当地政府要高度重视企业发展环境的营造，尽早出台有利于乡镇企业形成、发展和壮大的政策和措施。同时，政府要通过工业园区的规划与建设，有的放矢地支持中小企业的发展和空间聚集。对于中西部地区来说，由于区位和自然条件等方面的劣势，乡镇企业自发形成的条件并不充分，所以地方政府不能坐等市场自发形成，应积极运用税收、财政和政策手段，强力推进乡镇企业的孕育、形成和发展。

②积极促进乡镇企业的集群化。波特在《簇群与新竞争经济学》中指出，中小企业集群是某一特定产业的中小企业和机构大量聚集于某一特定地区，形成一个稳定、持续的竞争优势集合体，其成员包括提供零部件等上游产品的供应商、下游的渠道与顾客、提供互补产品的制造商，以及具有相关技能、技术或共同投入的其他产业的企业，还包括提供专业的培训、教育、信息、研究与技术支持的政府或非政府机构。目前，乡镇企业的发展还处在较低的层次和水平上，企业高度分散，内部关联松散，需要在原有乡镇企业的基础上进行改造与整合，通过企业集聚和发展，逐步形成中小企业集群，从而提高企业的效益和竞争能力。为此，需要当地政府在遵循市场经济规律的前提下，以构建相关产业网络体系为目标，对农村中小企业发展进行系统和科学的规划，有效整合现有乡镇企业资源，积极协调各个企业的利益分配关系和在产品价值链上的分工，并鼓励其与大学、科研机构的合作，以提高企业集群持久的创新能力。

③着力培育农民企业家。企业家是乡镇企业发展和产业集群形成的基本动力。农民企业家由于有良好的“根植性”，因而是乡镇企业发展和中小企业集群形成的重要依赖。因此，应着力培育新型农民，造就一大批具有创业激情的农民企业家群体，带动乡镇企业和中小企业集群的发展。

④引导城市劳动密集型工业重心下移。劳动密集型产业大多集中在城市，一方面造成城市建设用地紧张、交通拥挤、生产要素价格昂贵等负面影响；另一方

面农民工背井离乡在工厂做工，生活和社会成本过高。而在农村集镇发展劳动密集型产业，不仅有丰富的劳动力资源的保证，而且土地价格低廉，企业会有效降低生产成本。并且随着农村基础设施建设和公共产品供给的日益完善，农村集镇的企业发展条件会得到较大改善，所以劳动密集型产业根本没有必要集中在城市。因此，政府要鼓励城市劳动密集型工业重心下移。如果政府能够适时引导，施之以相关配套的优惠政策，城市劳动密集型工业重心下移完全可能成为现实。

⑤大力发展农村第三产业。农村第三产业行业众多，其中批发零售、运输、仓储、餐饮和金融属农村第三产业中的传统行业，占主导地位，房地产、广播电视、科研、咨询、旅游等属新兴行业。在发展和完善农村第三产业的过程中，一要考虑目前农村第三产业的现状，进一步加大对传统服务业的投入与扶持；二要大力发展法律、科技、信息等现代服务业，特别要发展当前农民最需要的政策信息、就业信息、科技信息、市场信息、金融信息等信息产业。

（四）加强中心村建设，促进人口适度集中

布局分散是乡村聚落空间分布的基本特征。随着乡村人口的不断增长，聚落分散化的趋势仍在继续。规模过小，布局分散，难以形成聚集效益，既造成了土地资源的极大浪费，也不利于乡村基础设施的建设和公共产品的配置。因此必须重构乡村空间，促进乡村人口适度集中，不断提高乡村聚落的现代化水平。在促进乡村人口空间集聚的问题上，应摆脱将乡村人口空间集聚仅仅寄托于城镇的狭隘思维。应当看到，在我国农村人口众多的特殊国情与发展背景之下，仅仅依靠城镇根本无法解决农村人口空间分布过于分散的问题，也难以解决农村的社会发展问题。即使城市化达到较高水平，仍有大量人口生活在农村。因此，应通过中心村的建设，引导乡村人口适度集中，推动乡村地区社会经济的持续健康发展。

1. 中心村的基本内涵

中心村是以区位条件和发展条件较好的居民点为中心，聚集周围一些弱势村庄后形成的具备一定规模基础设施和服务功能的村庄。中心村作为非城市化地区的基本居民点，其内涵可以概括为以下几个方面：

①在乡村聚落系统中，中心村介于乡镇和村庄之间，由若干个行政村或自然村联合组成，但又不完全等同于行政村，更多的是一个社区的概念，是小型集镇的雏形，起到乡镇副中心的作用。

②从职能作用看，中心村既要为本村居民提供生产和生活服务，还要为周边村庄居民的生产生活提供一些最基本的服务，同时也要为上一层次的城镇和集镇提供一些必要的配套。

③从内部空间结构看，中心村是具有一定人口规模和公共设施的新型农村社区，每个中心村都有各自清晰的核心与边缘。

2. 中心村建设的必要性

（1）乡村空间整合与重构的要求

改革开放以后，农村经济的发展使得乡村空间结构发生了巨大的变化。一方面，村庄分化严重，一些区位和经济条件比较好的村落，率先由单一的农业村庄转变为工业、农业和商业混合的复合型村庄，村庄布局与功能紊乱。而条件较差的村庄逐渐丧失凝聚力，衰变为空心村。另一方面，村庄内部用地结构日趋分散化和复杂化，要求对村落体系和村落内部空间结构进行整合与重构。

（2）节约土地资源的要求

耕地是农业生产的重要资源。农村用地的分散化，导致农户户均建房用地过大，大量良田被占用，直接造成了土地资源的严重浪费。随着乡村人口的不断增长，人均耕地资源日益减少，因此必须重新调整农村土地利用结构，节约土地资源，提高土地利用效率。

（3）乡村基础设施建设的要求

基础设施落后是制约乡村社会经济发展的重要因素。然而，在极其分散的村庄进行基础设施建设，由于既无大量资金的支撑，也不符合基本经济规律，同时会造成土地资源的浪费，因此不具备可行性。而中心村的建设可以有效解决上述矛盾和问题，使乡村基础设施的建设具备了可能性和可行性。

4. 中心村规划的基本原则与结构体系

（1）中心村规划的基本原则

中心村建设是优化乡村和区域空间结构，改善乡村地区社会经济发展条件的重要举措，其规划建设必须遵循以下基本原则：

①有利生产，方便生活。中心村要布局合理，与其他居民点形成网络结构，

既要引导人口适度集中，改变自然村星罗棋布、分布零散的局面，又要有利于农村居民的生产和生活，促进区域的整体协调发展。在中心村建设中，要充分利用原有村落，选择基础较好的自然村发展中心村。村庄集聚的原则应遵循一般村落向交通便利的村庄集中，经济落后的村落向经济发达的村庄集中，小规模村落向大规模村落集中，同时考虑与小城镇功能的互补与衔接，防止空间上的过密或过疏。

②因地制宜，规模适度。中心村规模的确定要因地制宜，根据本地区自然条件和社会经济特征作出合理选择。既要考虑基础设施运行所需要的人口规模，又要因地制宜，防止一刀切，按照一个标准和一个模式确定人口规模和基础设施建设规模。基础设施的适度规模是相对的概念，从理论上讲，适度规模要大于必要规模，小于等于充分规模。由于农村的实际情况千差万别，中心村规模的确定要因地制宜，要根据实际进行具体分析并作出合理选择。

③功能多样，设施完善。中心村是一定农村区域的中心，应根据农村居民的基本需求，配置生产生活、教育医疗、信息文化等基础服务设施（如商店、学校、医疗站、老年活动室、文化活动室、图书室、农技服务站等）。同时，中心村基础设施和功能的配置，应考虑与小城镇功能的互补，既要考虑小城镇部分功能的延伸，又要防止不切实际的盲目建设。

（2）中心村规划的体系结构

中心村规划应在上级规划指导下进行，其内容体系包括中心村的布点规划、中心村总体规划与中心村建设规划。应在全面分析规划区自然条件、社会经济和历史文化特征的基础上，科学规划发展方向、村庄布局、用地结构和建设规模，合理配置各项基础设施，详细规定各项用地控制指标，对建设项目作出具体的安排和规划设计。中心村规划体系结构如图 8-3 所示。

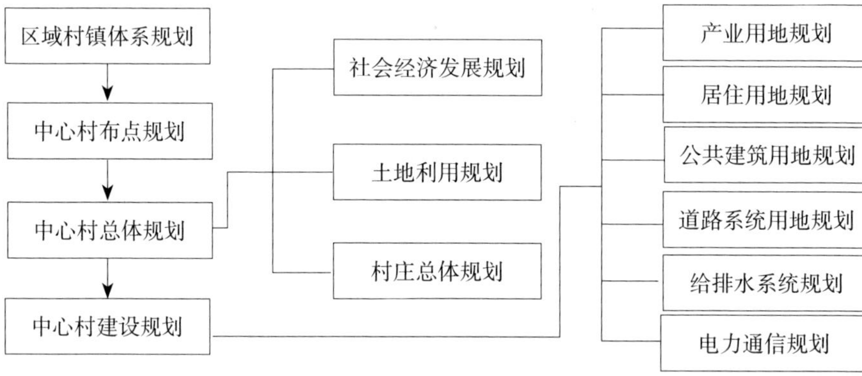

图 8-3　中心村规划体系结构

参考文献

［1］ 芦原义信．街道的美学 [M]. 尹培桐，译．天津：百花文艺出版社，2006.

［2］ 黄宗智．长江三角洲小农家庭与乡村发展 [M]. 北京：中华书局，2000.

［3］ 黄宗智．中国农村的过密化与现代化：规范认识危机及出路 [M]. 上海：上海社会科学院出版社，1992.

［4］ 凯文·林奇．城市意象 [M]. 方益萍，何晓军，译．华夏出版社，2001.

［5］ 施坚雅．中国农村的市场和社会结构 [M]. 史建云，徐秀丽，译．北京：中国社会科学出版社，1998.

［6］ 包伟民．江南市镇及其近代命运（1840—1949）[M]. 北京：知识出版社，1998.

［7］ 陈吉元，胡必亮．当代中国的村庄经济与村落文化 [M]. 太原：山西经济出版社，1996.

［8］ 陈艳．基于空间句法的古村落空间形态研究 [D]. 长沙：湖南师范大学，2011.

［9］ 陈铁波．传统聚落空间组构形态研究——以高椅村为例 [D]. 长沙：湖南师范大学，2013.

［10］ 杜恩龙．现代居住区与传统聚落公共空间比较研究 [D]. 天津：天津大学，2008.

［11］ 方明，邵爱云．新农村建设村庄治理研究 [M]. 北京：中国建筑工业出版社，2006.

［12］ 房志勇．规划先行——村镇建设规划 [M]. 北京：中国计划出版社，2007.

［13］ 郭晓东．乡村聚落发展与演变——陇中黄土丘陵区乡村聚落发展研究 [M]. 北京：科学出版社，2013.

［14］ 黄丽坤．基于文化人类学视角的乡村营建策略与方法研究 [D]. 杭州：浙江大学，2015.

［15］ 揭鸣浩．世界文化遗产宏村古村落空间解析 [D]. 南京：东南大学，2006.

［16］ 金兆森，张晖，等．村镇规划 [M].2 版．南京：东南大学出版社，2005.

［17］ 郎大志．浙江乌石村村落空间形态演变研究 [D]. 杭州：浙江大学，2013.

[18] 李立 . 乡村聚落：形态、类型与演变——以江南地区为例 [M]. 南京：东南大学出版社， 2007.

[19] 李琳 . 京西传统村落交往空间研究 [D]. 北京：北京建筑工程学院，2012.

[20] 李红 . 聚落的起源与演变 [J]. 长春师范学院学报：自然科学版，2010，29（3）：82-87.

[21] 李培林 . 村落的终结——羊城村的故事 [M]. 北京：商务印书馆，2004.

[22] 林语堂 . 中国人 [M]. 上海：学林出版社，1994.

[23] 刘沛林 . 古村落：和谐的人聚空间 [M]. 上海：上海三联书店，1998.

[24] 刘石吉 . 明清时代江南市镇研究 [M]. 北京：中国社会科学出版社，1987.

[25] 卢伟晓 . 基于符号学理论的门头沟山地村落空间解析 [D]. 北京：北京建筑工程学院，2012.

[26] 陆元鼎 . 中国民居建筑 [M]. 广州：华南理工大学出版社，2003.

[27] 罗建平 . 安顺屯堡的防御性与地区性 [M]. 北京：清华大学出版社，2014.

[28] 潘维，贺雪峰 . 社会主义新农村建设的理论与实践 [M]. 北京：中国经济出版社，2006.

[29] 彭一刚 . 传统村镇聚落景观分析 [M]. 北京：中国建筑工业出版社，1992.

[30] 彭一刚 . 建筑空间组合论 [M].3 版 . 北京：中国建筑工业出版社，2008.

[31] 浦欣成，王竹，黄倩 . 建筑学视角下国内乡村聚落研究解析 [J]. 华中建筑，2013（8）：178-183.

[32] 浦欣成，王竹，黄倩 . 乡村聚落的边界形态探析 [J]. 建筑与文化，2013（8）：48-49.

[33] 浦欣成 . 传统乡村聚落平面形态的量化方法研究 [M]. 南京：东南大学出版社，2013.

[34] 白光润 . 生态旅游 [M]. 福州：福建人民出版社，2002.

[35] 陶表红，邹淑珍 . 保护生态环境与发展红色旅游 [J]. 江西社会科学，2005（9）：154.

[36] 佟玉权，王辉 . 环境与生态旅游 [M]. 北京；中国环境科学出版社，2009.

[37] 王毓铨 . 明代的军屯 [M]. 北京：中华书局，2009.

[38] 王云才，郭焕成，徐辉林 . 乡村旅游规划原理与方法 [M]. 北京：科学出版社，2006.

[39] 魏宏源 . 京西古村落空间模式语言研究 [D]. 北京：北京建筑工程学院，2012.

[40] 吴良镛 . 人居环境科学导论 [M]. 北京：中国建筑工业出版社，2001.

[41] 吴珊珊 . 乡土的重构——袁家村“关中印象体验地”空间分析研究 [D]. 西安：西安建筑科技大学，2015.

[42] 肖笃宁，李秀珍，高俊，等 . 景观生态学 [M]. 北京：科学出版社，2003.

[43] 徐勇 . 非均衡的中国政治：城市与乡村比较 [M]. 北京：中国广播电视出版社，1992.

[44] 尹钧科 . 北京郊区村落发展史 [M]. 北京：北京大学出版社，2001.

[45] 俞孔坚 . 中国人的理想环境模式及其生态史观 [J]. 北京林业大学学报，1990，54（2）：120-122.

[46] 赵文林，谢淑君 . 中国人口史 [M]. 北京：人民出版社，1991.

[47] 赵勇，骆中钊，张韵 . 历史文化村镇的保护与发展 [M]. 北京：化学工业出版社，2005.

[48] 周晓虹 . 传统与变迁——江浙农民的社会心理及其近代以来的嬗变 [M]. 北京：生活·读书·新知三联书店，1998.

[49] 周振国，高海生，等 . 红色旅游基本理论研究 [M]. 北京：社会科学文献出版社，2008.

[50] 朱晓明 . 历史 环境 生机——古村落的世界 [M]. 北京：中国建材工业出版社，2002.

[51] 赵之枫 . 传统村镇聚落空间解析 [M]. 北京：中国建筑工业出版社，2015.